사순절묵상

십자가의 고난, 부활의 영광

남 귀 식

십자가의 고난, 부활의 영광

사순절묵상
십자가의 고난, 부활의 영광

지은이　　　남 귀 식
초판발행　　2011년 2월 10일
초판2쇄　　2011년 3월 9일

펴낸이　　　배용하
책임편집　　박민서
등록　　　　제364-2008-000013호
펴낸곳　　　도서출판 대장간
　　　　　　www.daejanggan.org
　　　　　　대전광역시 동구 삼성동 285-16
　　　　　　전화 (042) 673-7424　전송 (042) 623-1424

ISBN　　　　978-89-7071-203-1

책값은 뒤 표지에 있습니다.

차례

초기 기독교인들은 대속 사역을 이루시기 위해서 예수 그리스도가 겪으신 고난과 죽음 그리고 부활을 기억하기 위해서 부활절로부터 거슬러 올라가 주일을 뺀 40일을 경건하게 보냈습니다. 이 기간을 사순절Lent이라고 부릅니다. 특히 이 사순절이 시작되는 수요일을 '재의 수요일' Ash Wednesday이라고 부릅니다. 이 재의 수요일에는 지난해 종려 주일에 사용하였던 종려나무를 태운 재나 숯으로 이마에 십자가를 그으며 십자가에서 인간의 죄를 위해 돌아가신 예수님을 기억하며 그동안의 삶을 돌아보며 참회하는 40일간의 경건의 시간을 시작하였습니다. 재의 사용은 아름다운 꽃과 풀도 잠시 후면 시들듯 한 줌의 흙에서 시작된 우리의 인생도 다시 흙으로 돌아간다는 엄숙한 인생의 교훈을 담고 있습니다.

이러한 사순절 기간에는 행해졌던 몇 가지 일들이 있습니다. 유대인들이 유월절을 지키고자 금식을 했는데 초대 그리스도인들도 신앙의 성장과 회개라는 영적 준비를 위한 차원에서 구약의 유월절 만찬을 새롭게 해석하여 주님의 성만찬에 임하려고 금식을 했습니다. 또한, 사순절이 끝나는 부활절에는 새로운 성도로 영입되는 세례침례식이 있었는데 이 기간 세례침례 예비자들은 세례침례식에 참여하기 위해 준비하는 기간으로 두 주간 금식하며 기도로 준비하는 기간을 가졌습니다. 무엇보다도 이 기간 동안 모든 그리스도인은 죄를 범한 인류를 구속하시기 위해 십자가의 고난을 당하신 예수그리스도를 기억하는 의미에서 어려운 이웃을 구제하고 돕는 자선을 행했습니다.

오늘날 사순절을 보내면서 우리가 행할 수 있는 몇 가지 일을 기억하는 것은 참으로 중요하다고 생각합니다. 먼저 재를 뒤집어쓰고 회개하는 일입니다. 주님의 구속의 은혜를 입은 자로 얼마나 이웃을 사랑하며 이웃과 평화하고 화목한 삶을 살았는가를 돌아보아야 합니다. 겟세마네 동산에서 예수님을 잡으러 왔던 로마 군병들에 칼과 무기를 사용하지 않으시고 평화의 길을 택하신 주님처럼 삶의 모든 순간에 얼마나 평화와 화목을 선택하며 살았는가를 돌아보며 회개하는 시간이 되어야 합니다. "하나님께서는 그리스도를 통해 우리를 자신과 화목 시키시고 또한 우리에게 화목하게 하는 직분을 맡기셨습니다."고후5:18 또한 욥처럼 하나님을 안다고 하면서 교만했던 마음을 회개해야 합니다. 티끌과 재를 뒤집어쓰고 욥처럼 회개하는 시간이 되어야 합니다. 욥42:6 그뿐만 아니라 가난한 이웃과 함께하며 서로 나누며 살지 못하는 우리의 삶을 돌아보며 회개해야 합니다. "가난한 사람들을 멸시하고, 그들의 생명을 위협하며 법정으로 끌고 가는 사람들은 부자들이"약2:6라고 성경은 말하고 있습니다. "사치스런 생활과 쾌락을 즐겼으며, 마치 도살장에 끌려가기 전의 짐승처럼 자기 배만 채운 것"약5:5을 회개해야 합니다.

사순절 기간 금식하며 기도하는 시간이 필요합니다. 갑작스럽게 금식을 할 수는 없을 것입니다. 그러나 하루 한 끼라도 금식하며 이 세상의 죄를 구속하시기 위해 십자가를 지신 주님을 생각하는 시간을 갖는 것은 참으로 중요합니다. 우리의 영적 성숙과 믿음의 성장을 위해 금식하며 기도하는 시간이 필요합니다. 40일 동안 광야에서 금식하시고 나서 사탄의 유혹을 이기셨던 예수님의 삶을 본받아 우리도 금식하는 시간을 가져보는 것은 우리의 영적 성장에 도움을 줄 것입니다. 매일의 삶을 이렇게 금식하며 살 수는 없지만, 사순절 동안이라도 한번 시도해 보는 것은 귀한 도전일 것입니다. 이렇게 금식하면서 모은 작은 정성으로 도움이 필요한 우리의 이웃을 구제하고 도울 수 있을 것입니다. 금식하며 기도하는 것은 하나님의 긍휼하심을 얻는 길입니다. "니느웨 백성은 하나님을 믿었습니다. 그래서 그들은 금식을 선포하고, 가장 높은 사람에서부터 가장 낮은 사람에 이르기까지 모두가 굵은 베옷을 입었습니다…. 음식을 먹어서도 안 되고 물을 마셔도 안된다…. 사람이나 짐승이든, 소 떼든 양 떼든 입에 어떤 것이라도 대서는 안 된다…. 누구나 악한 길에서 돌이켜야 하고 폭력을 쓰지 말아야 한다…. 그러면 우리도 죽지 않게 될 것이다"욘3:4~9

마지막으로 사순절 기간 주님의 행적을 따라 말씀을 묵상하며 주님의 마음을 느껴보는 것도 참으로 영적 성숙과 믿음의 진보를 가져오는 길입니다. 재의 수요일부터 시작하여 예수님께서 우리의 죄와 허물을 위해 걸으셨던 십자가의 길을 따라 말씀을 묵상하는 것은 주님의 고난을 간접적으로 이 세대에 경험하는 좋은 기회입니다.

그러려면 우리는 매일 몇 구절의 말씀을 묵상하는 것은 중요한 일입니다. 말씀을 묵상하는 동안 회개와 금식 그리고 기도와 함께 말씀을 묵상하며 주님의 마음을 깨닫고 느끼는 시간이 될 수 있기 때문입니다. 또한, 깨달은 것들이 생활로 실천되는 구제와 섬기는 삶의 사순절기간이 되도록 하기 위해서입니다.

"내가 선생과 주로써 너희 발을 씻겼으니, 너희도 서로 발을 씻겨 주어야 한다. 내가 너희에게 행한 그대로 너희도 행하게 하기 위해 내가 본을 보여준 것이다"요13:14~15

사순절 기간 예수님께서 걸으셨던 십자가의 길을 함께 따라가며 묵상해 보는 시간을 가지려고 합니다. 재의 수요일이 있는 주간은 우리의 마음을 돌아보며 깨끗하게 하는 회개에 초점을 맞추었습니다. 주님의 말씀을 들으려고 준비된 정결하고 순결한 마음은 아주 중요하기 때문입니다. 사순절 둘째 주부터는 마태복음에서 기록하는 예수님의 사역을 중심으로 말씀을 묵상하게 됩니다. 처음에는 주님께서 공생애를 시작하시기 전 40일 동안 금식하시고 사단에 당하셨던 시험과 함께 주님께서 가르쳐 주신 "복이 있는 자"의 삶에 대해 묵상합니다. 셋째 주에는 예수님께서 예루살렘에 입성하시기 전 제자들에게 인자의 죽음에 대한 예고와 함께 예수님께서 예루살렘입성 전의 사역을 중심으로 묵상하게 됩니다. 넷째 주에는 예루살렘에 입성하시고 예루살렘 성전에서의 행하셨던 사역 속에 나타난 주님의 권위와 영적 능력에 대한 말씀을 묵상함과 함께 성만찬에서의 주님께서 보여주신 십자가의 돌아가심에 대한 말씀을 묵상하게 됩니다. 다섯째 주부터 여섯째 주에는 주님께서 십자가의 길을 준비하시는 모습과 제자들의 반응을 그리고 마지막 고난 주간에는 주님께서 십자가위에서 하셨던 "가상칠언" 말씀을 따라 묵상하게 됩니다.

사순절기간 동안 주님의 말씀을 따라 그 길을 걸으면서 우리 안에 예수님의 마음을 깊이 깨닫고 그분이 겪으신 고난을 함께 경험해 보는 시간을 가지려고 합니다. 주님이 걸으셨던 길을 따라가면서 우리 안에 예수님의 십자가의 길이 잘 묵상 되기를 기대해 봅니다. 그리고 주님이 지시고 가셨던 십자가의 길을 우리가 사는 현재의 삶 속에서 발견하고, 기쁨과 감사함으로 십자가의 길을 갈 힘과 용기를 얻는 성령께서 역사 하시는 시간이 되길 소망합니다. 또한, 이러한 주님이 가신 십자가의 길은 예수님께서 우리를 향하신 사랑의 길이요, 평화의 길임을 깊이 느끼는 시간이 되길 간절히 바랍니다.

아래의 순서에 따라 말씀을 묵상하여 보시면 커다란 도움이 될 수 있을 것입니다. 말씀 묵상에 도움을 드리고자 주제와 함께 간단하게 묵상 내용이 있습니다. 묵상내용은 묵상을 돕는 내용이오니 반드시 본인 스스로 본문을 통해 깊이 말씀에 침잠해서 주님의 음성을 듣고 현재의 삶에 적용하시기 바랍니다.

1. 사순절 묵상은 먼저 우리의 마음 자세가 중요합니다. 말씀을 깊이 묵상하려는 마음이 우리 안에서 일어나도록 성령의 도움을 구하십시오.

2. 주어진 본문을 가능한 한 많이 읽어 보십시오. 당신에게 말씀하시는 주님의 음성이 있을 것입니다. 그 음성에 당신의 마음과 생각을 집중해 보십시오.

3. 그리고 본문의 내용을 정리한 내용을 읽어 보십시오. 본문정리의 내

용은 사랑하는 지체들의 묵상을 돕는 자료일 뿐입니다.

4. 묵상한 내용 속에 느껴지는 주님의 마음과 깨달음을 놓고 하나님 앞
   에 기도하십시오. 특히 삶 속에서 말씀이 그러한가 깨어서 상고하
   고 찾아가는 시간을 꼭 가지시기를 바랍니다.

5. 사순절 기간 주님의 십자가의 도가 우리를 향한 주님의 사랑의 길임
   을 깊이 깨닫고 감사하는 시간이 되기를 소원합니다.

사순절 기간인 47일 동안의 매일 할 수 있도록 구상된 묵상 글입니다. 개인이나 혹은 그룹에서 사용할 수도 있습니다. 교회 전체가 함께 말씀을 묵상하는 시간으로 보낼 수도 있을 것입니다. 새벽예배에 사용하실 수도 있는 묵상글입니다. 묵상의 구성은 묵상을 위한 기도, 본문 묵상, 그리고 적용을 위한 기도 순으로 되어 있습니다. 사순절 기간 주께서 베푸시는 은혜와 평화가 넘치는 시간 되시길 간절한 마음으로 두 손 모아 기도합니다.

은혜와평화교회
프라우스 남

사순절四旬節, Lent의 의미와 유래

사순절은 '봄'이란 뜻이다. 그러나 우리 나라에서는 '40일간의 기념일'이라는 뜻의 희랍어인 '테살코스테'를 따라 사순절로 번역한다. 이는 부활 주일을 기점으로 역산하여 주일을 뺀 40일간을 주의 고난과 부활을 묵상하며 경건히 보내고자 하는 절기이다. 한편 '40'이란 수는 예수께서 40일 동안 광야에서 시험 받으심, 40일간 시내산에서의 모세의 금식, 이스라엘의 40년간의 광야 생활, 예수의 부활에서 승천까지의 40일 등과 같이 성경에 여러 번 고난과 갱신의 상징적 기간으로 등장한다.

"우리가 그분과 함께 영광을 누리기 위해서는 그분과 함께 고난을 받아야 하는 것입니다"롬8:17라는 바울의 고백에서 그 의미를 알 수 있다. 이에 고난 주간을 포함하여 그리스도께서 우리 죄인의 구속을 위해 수난을 당하신 사건에 담긴 구속사적 의의를 살펴보며 자신의 신앙을 재 각성하고자 비교적 긴 40일간의 절제 기간을 갖는 것이 사순절이다. 예수 그리스도께서 아버지 하나님의 뜻에 순종하여 수난과 죽음을 겪고 그로 인해 부활과 하나님 오른편에 앉는 영광을 받으셨듯이, 우리 역시 삶 안에서 구체적으로 그리스도의 수난에 동참함으로써 그분의 영광에도 함께 참여할 수 있다. 따라서 이 시기는 단순히 그리스도의 수난과 고통을 묵상하는 것이 아니라 그리스도 신비의 절정인 죽음과 부활이 연관이 깊음을 알 수 있다.

성회聖灰수요일은 40일간의 부활 준비시기인 사순절이 시작되는 첫 날이다. 이날은 '재의 수요일'Ash Wednesday 혹은 '참회의 수요일'로도 부른다. 성서에서도 재와 먼지는 죽음, 재앙, 슬픔, 속죄 등을 상징하고 있다. 욥은 하나님께서 주시는 시련을 받으면서 자신의 죄를 보속하기 위해 잿더미에 앉았고욥 2:8, 예수님께서는 회개하지 않는 백성들에게 "재를 머리에 들쓰고 회개하라" 마11,21고 말씀하신다. 초대교회에서도 징계를 받은 자들이 참회하고 복귀하는 공적인 표시로 재를 이마에 발랐다. 인간은 결국 죽을 수밖에 없는 존재로, 삶과 죽음이 하나님의 손에 달려있음을 알려주며 하나님을 두려워하고 자신의 삶의 방향을 하나님께로 향하라는 회개의 호소인 것이다. 성회수요일은 새로운 삶을 출발하고 그리스도 부활이라는 새 생명을 향한 밑거름과 같은 생활이 되어야 함을 일깨워준다. 이날 하루만이 아니라 40일 동안이 회개와 참회의 시기이므로 참회를 시작하는 날이라 할 수 있다. 이는 부활하신 주님을 온전히 맞이하기 위한 첫걸음이며 나를 새롭게하여 부활하신 영광의 주님 앞에 나를 세운다는 의미가 강하다. 40일간 우리의 생활을 바꾸고 새로운 만남을 준비하는 기간으로 보내야 한다.

　이 날은 지은 죄에 대한 진정한 참회의 시간을 가져야하며 하나님의 자비와 긍휼을 구하는 자리가 되어야 한다. 또한 인간의 본래 모습과 유한성을 확인하는 자리이면서 주님의 소유됨을 고백하는 자리가 되어야 하고, 부활을 준비하는 시작으로서 소망의 시작이기도 하다. 사순절은 먼저 하나님을 생각하고 사랑하는 날, 순종을 배우는 날, 절제를 실천하는 날이 되도록 힘써야 한다.

고난주간holy week은 메시아로서의 주님의 예루살렘 입성으로 시작하여 수난하시는 주님을 기억하는 가장 의미가 깊은 주간이다. 몇몇 지역에서는 성목요일에 죄수들이 사면되었기 때문에 '사면 주간' 으로도 불려졌고 동방교회 신자들은 '구원의 주간' 으로 불렀다. 이 주간에 교회는 예수의 체포와 수난과 죽음을 기념하며, 모든 의식은 슬픔을 표현하나 동시에 하나님이 인간이 되시어 모든 인류의 죄를 대속한 사랑에 대한 기쁨의 태도도 보여주어야 한다.

성금요일聖金曜日, Good Friday은 십자가에 못박혀 돌아가신 날로, 그분의 참혹한 죽음을 슬퍼하면서도 예수께서 이루실 구원에 대한 희망을 간직하고 기다리는 날이다.

사순절 주일 예배 예배는 신앙의 중심적인 행위이다. 하나님이 모든 예배의 초점이 되어야 한다. 사순절 절기 안에는 6번의 주일이 있다. 그리스도의 고난과 부활을 기념하는 사순절의 각 주일에는 단계와 특색이 있는데 이를 살펴보면 다음과 같다.

- **사순절의 첫째 주일**은 예수께서 하나님의 보내심을 받은 아들로서 공생애를 시작하시기 전, 광야에서 40일간 금식하신 후 사탄에게 시험 받으셨음을 생각하며 지낸다.마4:1~10

- **사순절 둘째 주일**은 사탄의 시험을 이기시고 인류의 구원을 이루신 예수 그리스도를 생각하며 예배를 드린다.마4:11

- **사순절의 셋째 주일**은 빛과 어둠의 대립 즉, 빛의 아들로 오신 예수 그리스도와 어둠의 세력인 사탄과의 대립을 중심으로 한 말씀요1:1~18을 생각하며 예배를 드린다.

- **사순절의 넷째 주일**은 그리스도의 구속 사역을 위한 고난과 사탄과의 싸움 등을 다루는 사순절의 다른 주일과는 달리 떡 다섯 덩이와 물고기 두 마리로 5천 명을 먹이신 것으로 말씀을 삼아 나눔의 주일로 삼는다.마14:13~21

- **사순절 다섯째 주일**은 고난 주일이라고도 하는데, 이 주일의 명칭은 주님이 자신에게 임할 고난을 제자들에게 예언하셨던 것에서 유래했다. 이때는 가룟 사람 유다에게 팔리어 고난 받으셨던 주님을 생각하며 예배를 드린다.마20:18,19

- **사순절 여섯째 주일**, 즉 종려 주일에는 예루살렘에 입성하시는 예수님과 종려나무 가지를 흔들며 환영했던 군중들에 관련된 말씀을 본다.마21:1~11

가상칠언은 '십자가상에서의 일곱 말씀' 이란 뜻으로 예수님께서 십자가 위에 달리셔서 하신 일곱 말씀입니다.

1. "아버지 저들을 사하여 주옵소서 자기들이 하는 것을 알지 못함이니이다 " 눅23:34

2. "내가 진실로 네게 이르노니 오늘 네가 나와 함께 낙원에 있으리라" 눅 23:43

3. "엘리 엘리 라마 사박다니 -나의 하나님, 나의 하나님 어찌하여 나를 버리셨나이까" 막15:34

4. "여자여 보소서 아들이니이다." "보라 네 어머니라" 요19:26,27
5. "내가 목마르다" 요19:28
6. "다 이루었다." 요19:30
7. "아버지 내 영혼을 아버지 손에 부탁하나이다." 눅23:46

금식과 기도와 선행은 유대인들이 행하였던 신앙적 관습이었으나 그리스도인들에게도 의미있는 신앙의 행위다. 사순절은 자기 근신과 금식을 통해 하나님의 백성으로서 자신의 마음을 살피고 주님의 제자로서의 삶의 자세를 재정비하는 영적 훈련의 기간으로 삼아야 한다. 초대 교회 성도들이 갖은 핍박을 당하면서도 하나님께 감사할 수 있었던 것은 그리스도의 사랑과 피흘리심으로 인해 그들이 하늘나라의 소망을 가진 백성이 되었다는 사실 때문이었다. 따라서 그리스도의 사랑과 고난을 기억하며 금식 기도의 시간을 갖도록 해야 한다. 그러나 갑작스럽고 무리한 금식은 건강을 심각하게 해칠 수도 있으므로 각자의 형편에 따라 절식 형태의 금식을 할 수도 있다. 또한 어린이들이 금식 기간에 식사와 군것질 등을 절제해 모은 돈을 불우한 이웃을 위해 사용하게 하면 교육적인 면에서도 바람직할 것이다. 교회나 소그룹에서는 여러 명이 사순절 기간 동안 기도의 순서를 정해 놓고 돌아가면서 금식 기도하는 모임을 가지고, 서로의 경험과 받은 은혜를 나눔으로써 그리스도의 몸된 교회 구성원들간의 유대를 강화시켜 나가는 것도 의미있는 일이 될 것이다.

사순절 찬양 십자가를 질 수 있나/ 주님 십자가 내가 지고/ 쓴 잔/ 우리 죄 위해 죽으신 주(조수아)/ 죽으면 죽으리라(남궁송옥)/ 주님의 십자가를 아시나요/ 십자가에서(조준모)/ 사명/ 나무십자가/ 갈보리십자가/ 주님 십자가 내가 지고/ 십자가 바라보세요/ 생명나무/ 험한 십자가 능력있네/ 십자가를 질 수 있나/ 그가 찔리고 상하심은/ 그는 우리 죄를 위해/ 속죄하신 구세주를/ 서쪽 하늘 붉은 노을/ 십자가의 그 사랑/ 십자가의 길 순교자의 길/ 십자가의 길/ 십자가 위에서 죽으셨네/ 주님 가신 길 십자가의 길/ 고난의 길 / 십자가로 갑니다 / 십자가를 보게 하소서 / 십자가의 능력(김신석) / 예수님의 십자가 / 십자가를 가까이

사순절 달력은 그리스도의 수난 과정을 담은 사순절 달력은 가정 예배시에도 유용하게 사용되어진다. 사순절 달력은 40일간의 사순절 기간과 그 기간에 포함된 6번의 주일을 포함하여 만드는데, 달력 안에 각 날에 관련된 성경 구절과 찬송, 그리고 묵상 주제 등을 기입한다. 사순절 달력은 교회에서 주관하여 만들 수도 있고 가정에 어린 자녀가 있을 경우 부모가 자녀와 함께 만들 수도 있다. 어린 자녀의 이해를 돕기 위해 사순절 달력의 그날 그날의 주제를 그림으로 그려 넣기도 한다.

사순절 성서 읽기

• **구속의 예표**
　유월절 어린양출12:5; 요1:29
　희생 제물출24:6~8
　속죄제로 인한 생명의 속함출30:10,15,16
　속죄일레16:30

• **구속의 목적**
　우리를 속량하시기 위함갈3:13
　우리를 불법에서 구속하시기 위함딛2:14
　새 언약을 세우시기 위함시111:9
　믿는 자를 의롭게 하시기 위함롬3:24
　하나님과의 화목을 위함롬5:1~5
　하나님의 영광을 찬미케 하기 위함엡1:14
　자신을 영화롭게 하시기 위함사44:23
　우리를 주님의 처소에 들어가게
　　하기 위함출15:13

• **구속을 위한 하나님의 사역**

① **성부의 사역**
　미리 예비해 놓으심눅2:30,31
　일정한 시기까지 감추어 놓으심고전2:7
　독생자를 아끼지 않고 내어 주심롬8:32

② **성자의 사역**
　친히 인간이 되심히2:14
　하나님과 인간의 관계를
　　회복하심살전5:10
　하나님 뜻 안에서 이루심벧전1:20
　속죄 제물이 되심사53:10
　인간을 대신하여 피 흘리심막14:24
　단 한번 드리심으로 구속 사역을
　　이루심히9:24~28
　우리로 하나님의 자녀가 되게
　　하심롬8:15

③ **성령의 사역**
　구속의 진리를 예언함요16:13
　그리스도의 구속 사역을 준비함눅1:35
　그리스도의 구속 사역을 성도에게
　　적용함고전12:3
　교회를 설립함행2:1~4
　교회를 지키심히브 10:15

• **구속 전에 인간의 상태**
　죄인이었음롬5:8
　그리스도 밖의 사람이었음엡2:12
　마음으로 주와 원수였음골1:21

• 구속의 결과
  영생을 얻음요3:16
  평안을 얻음요14:27
  그리스도 안에서 하나됨갈3:28
  정죄 받지 않음롬8:1,14
  성령을 받음롬8:2
  능력을 얻음빌4:13

• 구속을 입은 성도의 의무
  하나님의 은혜에 감사 드리는
    생활을 함엡5:20
  성령과 동행해야 함요14:16
  소망 가운데 거함골1:5
  진리에 따라 살아감요삼1:3,4
  선한 생활에 힘씀살전2:12
  하나님께 간구하기에 힘씀약1:5

• 절제해야 할 것
  언어딤후2:16
  음식잠25:16
  과다한 오락눅21:34
  잠과 성생활잠6:9; 고전7:1

• 경건하게 되는 방법
  하나님의 말씀을 배움딤후3:14~17
  기도 생활에 충실함딤전2:1,2
  부모가 경건하게 양육함삼상1:11
  경건에 이르기를 연습함딤전4:7
  망령되고 헛된 말을 버림딤후2:16
  그리스도의 재림을 소망함딛2:11~14

• 경건한 자의 결과
  범사에 유익함딤전4:8
  시험에서 구원받음벧후2:9
  번영함잠3:9,10
  멸망에서 구원 얻음벧후2:5

하늘의 상급 얻음계14:13

• 금식에 수반해야 할 것
  기도와 죄의 고백느9:1,2
  울며 애통함욜2:12
  겸비함신9:18
  말씀 묵상렘36:6

• 금식의 참된 목적
  회개하기 위함시69:10
  기도의 상달을 위함사58:4
  하나님의 진노를 돌이키기 위함욘3:5,10
  육신을 영에 복종시키기 위함고전9:25~27
  건강과 병의 치유를 위함사58:8
  하나님의 인도를 위함마7:21
  특별한 능력을 얻기 위함마7:21
  시험을 이기기 위함마4:1~11

2011년 사순절 달력

이책과 함께 사용하도록 만들었습니다.

주일		월		화		수		목		금		토	
				*제 1일은 성회수요일		3/9	1일	3/10	2일	3/11	3일	3/12	4일
						시51:1-10 내가 주께 죄를 지었나이다		욘3:1-10 거친 베옷과 잿더미		욥42:2-6 절망에서의 회개		눅18:9-14 간절한 회개와 기도	
3/13	사순절 첫째주	3/14	5일	3/15	6일	3/16	7일	3/17	8일	3/18	9일	3/19	10일
	마4:1-4 사람이 사는 길	마4:5-7 하나님을 시험 치 말라		마4:8-11 그릇된 경배		마5:3-12 복이 있는 사람		마5:43-48 한계를 뛰어넘는 사랑		마6:25-33 우선순위		마7:21-23 아버지의 뜻대로 행하는 자	
3/20	사순절 둘째주	3/21	11일	3/22	12일	3/23	13일	3/24	14일	3/25	15일	3/26	16일
	마14:22-33 의심하는 사람	막8:27-30 최고의 고백		마16:24-28 나를 따르라		막9:7-10 너희는 그의 말을 들어라		마17:22-23 제자들이 매우 근심하더라		막10:32-34 그들 앞에 서서 가시는데		마21:1-11 예루살렘을 향한 길에서	
3/27	사순절 셋째주	3/28	17일	3/29	18일	3/30	19일	3/31	20일	4/1	21일	4/2	22일
	막11:15-19 그를 두려워함 이러라	마23:37-39 예루살렘아, 예루살렘아		마26:1-5 끔찍한 비밀 흉계		마26:6-13 내게 좋은 일을 하였느니라.		마26:14-16 은 삼십과 예수님		마26:20-25 배신자와 함께한 식사		마26:26-30 나의 몸과 피	
4/3	사순절 넷째주	4/4	23일	4/5	24일	4/6	25일	4/7	26일	4/8	27일	4/9	28일
	시23:1-6 여호와는 나의 목자시니	마26:31-35 다 나를 버리리라		마26:36, 눅22:39 저기 가서 기도할 동안에		마26:37-38 내 마음이 몹시 고민하여		마26:39, 42 잔과 기도- 순종을 위한 부르짖음		마26:40-41 한 시간도 나와 함께		마26:43-46 일어나자 함께 가자	
4/10	사순절 다섯째주	4/11	29일	4/12	30일	4/13	31일	4/14	32일	4/15	33일	4/16	34일
	빌2:5-11 종의 형체로 죽기까지	마26:47-50 친구여 행하라		마26:57-68 너를 친 자가 누구냐?		마26:69-75 나는 그 사람을 알지 못하노라		마27:1-2, 11-26 예수냐? 바라바냐?		마27: 27-31 가시 면류관과 십자가		눅23:26-38 원수까지도 사랑하시는 주님	
4/17	종려주일	4/18	35일	4/19	36일	4/20	37일	4/21	38일	4/22	39일	4/23	40일
	사53:1-6 우리 모두의 죄악을	눅23:39-43 오늘 네가 나와 함께 낙원에		요19:25-27 십자가 위의 아들과 땅 위의 어머니		마27:46 나의 하나님! 어찌하여…		요19:28 내가 목이 마르다		요19: 30 다 이루었다		눅23:44-49 내 영혼을 아버지 손에	
4/24	부활주일	마28:1-10 살아 나셨느니라		사순절은 부활절까지 주일을 뺀 40일 기간을 말하며, 그리스도의 삶과 고난, 부활을 생각하며 근신하고 회개하는 기간입니다.									

■사순절 달력은 매년 업데이트하여 출판사 홈페이지에서 화일로 내려받을 수 있습니다. (www.daejanggan.org)

내가 주께 죄를 지었나이다.

우슬초로 내 죄를 정결케 해주십시오. 내가 깨끗하게 될 것입니다. 나를 씻어 주십시오. 내가 눈보다 더 희게 될 것입니다. 시51:7

묵상을 위한 기도

성삼위 하나님. 오늘부터 시작되는 사순절 기간 당신의 말씀을 통해 영적 무지함으로 지은 저희의 죄를 발견하고 회개하는 시간이 되게 하소서. 성령의 능력으로 우리의 속사람을 정결케 하시고, 새로운 심령으로 거듭나게 하소서. 예수님의 이름으로 기도합니다. 아멘

본문묵상 본문을 여러 번 읽어 예수님의 마음을 느끼는 시간이 되도록 합시다.

시편51:1~10

1. 하나님, 주의 한결같은 사랑으로 내게 자비를 베풀어 주십시오. 주의 긍휼을 베푸시어 내 반역죄를 없애 주십시오. 2. 내 죄악을 말끔히 씻어 주시고, 내 죄를 깨끗이 없애 주십시오. 3. 내 반역죄를 내가 잘 알고 있으며, 내가 지은 죄가 언제나 내 앞에 있습니다. 4. 주님께만, 오직 주님께만, 나는 죄를 지었습니다. 주의 눈앞에서, 내가 악한 짓을 저질렀으니, 주님의 유죄 선고가 마땅할 뿐입니다. 주님의 유죄 선고는 옳습니다. 5. 실로, 나는 태어날 때부터 이미 죄인이었고, 어머니의 태 속에 있을 때부터 죄인이었습니다. 6. 마음 속의 성실과 진실을 기뻐하시는 주님, 제 마음을 주의 지혜로 가득 채워 주십시오. 7. 우슬초로 내 죄를 정결케 해 주십시오. 내가 깨끗하게 될 것입니다. 나를 씻어 주십시오. 내가 눈보다 더 희게 될 것입니다. 8. 기쁨과 즐거움의 소리를 들려주십시오. 비록 주님께서 나의 뼈를 꺾으셨어도, 내가 다시 기뻐하며 외치겠습니다. 9. 주의 눈을 내 죄에서 돌리시고, 내 모든 죄악을 없애 주십시오. 10. 아, 하나님, 내 속에 깨끗한 마음을 새로 지어 주시고 내 안에 정직한 새 영을 넣어 주십시오

한아이가 대형 상점에서 울고 있습니다. 우는 아이의 옆에는 화가 난 모습을 한 아이의 엄마가 서 있습니다. 울면서 아이가 엄마에게 말합니다. "어머니 잘못했어요. 용서해 주세요. 다시는 안 그러겠어요." 장난감과 아이들 문구가 있는 곳에서 이 아이는 자신이 좋아하는 장난감 차를 보고, 만지고 싶어 손을 댔다가 그만 떨어지는 바람에 옆에 있던 예쁜 인형이 떨어지면서 깨졌습니다. 엄마가 마트에 오기 전에 그렇게 당부를 했건만 아이는 일을 저지르고 만 것입니다. 엄마에게 야단맞은 아이는 결국 울음을 터트리며 잘못을 고백하고 엄마의 한량없는 용서를 구하는 것입니다. 옆을 지나가다 아이의 간절한 호소가 너무도 애틋하여 가던 길을 멈추고 아이와 아이의 엄마를 쳐다보았습니다. 이미 엄마는 아이의 간절하게 애원하는 소리에 용서하는 모습이 눈에 들어왔습니다.

잘못을 알고 용서를 구한다는 것은 참 용기 있는 행동입니다. 어른이 되어 그럴싸한 자기 논리와 권위가 생기면 잘못을 인정하기보다는 더 합리화시킵니다. 그리고 오히려 잘못을 감추려고 또 다른 제2, 제3의 죄를 범하게 됩니다. 어린아이같이 작은 실수 하나라도 지적하면 순순히 잘못을 고백하고 용서를 구하기가 쉽지 않습니다.

오늘 본문의 배경은 이스라엘의 왕인 다윗이 우리아의 아내 밧세바와 함께 하룻밤을 보내고 나서 밧세바가 임신한 사실을 알고 밧세바의 남편인 우리아의 아이인 것처럼 꾸미려다 실패로 끝나자 우리아를 전장의 최전선에 보내 죽게 합니다.삼하11장 그리고 밧세바를 아내로 취한 뒤 아무 일도 없었던 것처럼 지내는 다윗을 하나님의 선지자 나단 이 찾아와 자신의 죄악을 지적하자 다윗은 곧바로 여호와께 죄를 지었다고 고백하며 용서를 구합니다.삼하12:13그 후에 쓴 시가 바로 오늘의 시편 51편입니다.

본문에서 다윗은 하나님께 죄를 범했다고 고백합니다.4절 왜냐하면 하나님께서는 다윗의 모든 행위와 생각을 다 알고 계시기 때문입니다. 이 말은 다윗의 삶의 척도를 이 세상의 원리가 아니라 하나님이라고 말하는 것과 같습니다. 세상의 원리와 가치로는 자신의 죄를 합리화하고 숨기려 했지만, 하나님 앞에서는 죄가 드러나고 용서를 구하는 다윗입니다. 이것이 사는 길입니다. 왜냐하면, 하나님은 자비와 용서의 하나님이시기 때문입니다.1절

우리는 다윗처럼 힘과 권력과 지위가 있지 않기에 그렇게 죄를 짓지 않는다고 생각할 수 있습니다. 그러나 하나님 앞에서 볼 때 우리는 마음과 생각으로 이미 다윗보다 더 높은 지위와 힘을 가진 자로 죄를 짓고 있습니다. 우리 앞에는 항상 죄가 있기 때문입니다.3절 남을 판단하고, 정죄하며, 비난하고, 용서하지 못하는 것이 죄입니다. 이웃을 내 몸과 같이 사랑하며, 평화와 화목을 이루며 살지 못하는 것이 죄입니다. 남의 것을 빼앗지는 않아도 가난한 자와 고아와 과부를 돌보지 않는 것이 죄입니다. 예수님께서 걸으셨던 고난과 십자가의 길을 선택하기보다는 쉽게 편한 세상의 길을 택하는 것이 죄입니다. 왜냐하면, 내가 편한 것은 이미 남을 힘들게 하는 것이기 때문입니다. 또한, 하나님이 우리에게 돌보라고 주신 자연을 돌보지 않고 "건설"이라는 그럴싸한 이름으로 파괴하는 것이 이미 죕니다.

사순절 기간 주님께서 걸으셨던 십자가의 길을 걸어 봅시다. 그러려면 먼저 우리 자신의 죄를 고백하고 용서하는 시간부터 가집시다. 다윗이 하나님의 선지자 나단 앞에 섰던 것처럼 우리도 하나님의 말씀 앞에 서 봅시다. 말씀이 우리의 심령을 살피게 해서 드러나는 죄를 고백함으로 우리의 몸과 마음이 깨끗해지는 은혜를 누려 봅시다.7절 그래서 우리의 영혼과 뼈가 세상의 썩어가는 원리와 방법으로 기뻐하는 것이 아니라 하나님 아버지의 용서의 은혜로 기쁘고 즐거워하게 합시다.8절

적용을 위한 기도

용서의 성삼위 하나님. 말씀으로 우리의 마음과 행위를 살펴보며, 죄를 고백합니다. 그 풍성한 자비와 은혜로 용서하여 주옵소서. 예수님의 이름으로 기도합니다. 아멘

거친 베옷과 잿더미

이 소문이 니느웨의 왕에게 전해지니, 그도 임금의 의자에서 일어나, 걸치고 있던 임금의 옷을 벗고, 굵은 베 옷을 입고 잿더미에 앉았다. 요나3:6

묵상을 위한 기도

성삼위 하나님 아버지, 먼저 당신께 찬양과 영광을 돌립니다. 아침에 말씀을 통해서 당신의 마음을 알고 순종하려고 합니다. 성령 하나님께서 가르쳐 주시고 말씀대로 살 힘과 용기를 주옵소서. 예수님의 이름으로 기도합니다. 아멘

본문묵상 본문을 여러 번 읽어 예수님의 마음을 느끼는 시간이 되도록 합시다.

요나 3:1~10

1. 주께서 또다시 요나에게 말씀하셨다. 2. "너는 어서 저 큰 성읍 니느웨로 가서, 이제 내가 너에게 한 말을 그 성읍에 외쳐라." 3. 요나는 주께서 말씀하신 대로, 곧 길을 떠나 니느웨로 갔다. 니느웨는 둘러보는 데만 사흘길이나 되는 아주 큰 성읍이다. 4. 요나는 그 성읍으로 가서 하룻길을 걸으며 큰소리로 외쳤다. "사십일만 지나면 니느웨가 무너진다!" 5. 그러자 니느웨 백성들은 하나님의 말씀을 믿고, 금식을 선포하고, 그들 가운데 가장 높은 사람으로부터 가장 낮은 사람에 이르기까지 모두 굵은 베 옷을 입었다. 6. 이 소문이 니느웨의 왕에게 전해지니, 그도 임금의 의자에서 일어나, 걸치고 있던 임금의 옷을 벗고, 굵은 베 옷을 입고 잿더미에 앉았다. 7. 왕은 니느웨 백성에게 다음과 같이 선포하여 알렸다. "왕이 대신들과 더불어 내린 칙명을 따라서, 사람이든 짐승이든 소 떼든 양 떼든, 입에 아무것도 대서는 안 된다. 무엇을 먹어도 안 되고 물을 마셔도 안 된다. 8. 사람이든 짐승이든 모두 굵은 베 옷만을 걸치고, 하나님께 힘껏 부르짖어라. 저마다 자기가 가던 나쁜 길에서 돌이키고, 힘이 있다고 휘두르던 폭력을 그쳐라. 9. 하나님께서 마음을 돌리고 노여움을 푸실지 누가 아느냐? 그러면 우리가 멸망하지 않을 수도 있다." 10. 하나님께서 그들이 뉘우치는 것, 곧 그들이 저마다 자기가 가던 나쁜

길에서 돌이키는 것을 보시고, 뜻을 돌이켜 그들에게 내리시겠다고 말씀하신 재앙을 내리지 않으셨다.

한국은 개신교와 천주교를 포함하면 세 명 중 한 명 이상은 그리스도인들입니다. 그리스도인이라는 말은 예수님처럼 살아간다는 것을 말합니다. 사도행전 11장 26절에 보면 안디옥에서 비로소 "주님의 제자"들이 "그리스도인"이라고 불렸다고 말하고 있습니다. 예수님처럼 말하고, 행동하고, 생각하며 그들의 가치관이 예수 그리스도와 같았기 때문에 붙여진 이름이었습니다.

이러한 그리스도인이 30%가 넘는 한국교회의 교인들은 "그리스도인"이라고 불리지 못하는 것 같습니다. 우뚝 솟아있는 거대한 교회와 함께 한국의 기독교인들이 지탄의 대상이 되는 것을 보면 말입니다. 이러한 한국교회를 보면서 나부터 변해야 한다는 생각을 하며 회개의 눈물을 흘립니다. 그리스도인이 있는 가정, 사회, 국가는 변해야 합니다. 세상의 빛과 소금으로 살아야 하는 것이마5:13~16 그리스도인의 본질입니다. 그리스도인이 있는 곳에는 예수님의 소망과 생명과 사랑과 평화가 있기 때문입니다.

오늘 본문에서 보면 하나님의 사람 요나를 통해 니느웨성이 40일 만에 무너질 것이라는 말을 듣고 니느웨 사람들은 금식을 선포하고 가장 높은 사람에서부터 가장 낮은 사람에까지 베옷을 입었다고 말하고 있습니다.1~5절 금식은 하나님의 긍휼과 자비를 구하는 그 백성의 간절한 믿음의 행위입니다. 하나님의 도우심과 자비가 아니면 살 수 없다는 믿음의 표현입니다. 간절히 하나님만 바라며 살아가는 하나님의 사람들의 소망의 삶이 바로 금식과 기도입니다. 그리고 베옷은 사람이 죽었을 때 그 슬픔에 대한 애도의 표현으로 입는 최소한의 옷입니다. 성이 무너진다는 소리를 듣고 사람들이 회개하며 하나님 앞에 금식하며 베옷을 입고 참회하는 모습입니다.

그런데 본문에서 관심을 증폭시키는 부분은 바로 니느웨 왕이 취하는 태도입니다. "보좌에서 내려와 조복을 입고 굵은 베를 입고 재에 앉으니라 (6절)" 이것이 니느웨 왕이 취한 태도입니다. 이 모습은 바로 세상의 권위와 힘을 버리고 겸손히 하나님 앞에 나아가는 행위입니다. 교회는 나가면서 세상의 명예와 권세로 예수 그리스도의 이름을 욕되게 하는 오늘의 교인들과는 참으로 다른 모습입니다. 분명히 이것은 화려한 옷을 입고, 값비싼 차를 몰고, 높은 위치를 추구하는 오늘의 교인들과는 많이 다른 모습입니다. 왕이 내린 조서에는 "각기 악한 길과 손으로 행한 강포에서 떠나"8절라고 말하고 있습니다. 쉬운 어린이 성경에는 "폭력을 쓰지 말아야 한다"라고 되어 있습니다. 위의 표준 새번역에는 "힘이 있다고 휘두르던 폭력을 그쳐라"고 되어 있습니다. 전쟁이 하나님의 뜻이라고 말하며 권력과 손을 잡는 오늘의 교회와는 참으로 다른 모습입니다. 위기 때에 오히려 보좌를 떠나 베옷을 입고 금식을 선포하며 믿음의 겸손한 행위가 하나님의 긍휼과 자비를 바라는 자들의 기초입니다. 이런 자들이 바로 하나님을 믿는 자들입니다. 그리고 그들이 선택하며 사는 모습입니다.5절

사순절 기간 우리는 굵은 베옷을 입고, 금식을 하며, 폭력과 악한 길에서 돌이켜 믿는 자의 삶을 살아야 합니다. 회개의 삶은 지금까지의 삶에서 돌아서는 것입니다. 높은 지위를 추구하며 교회로 몰려가는 것이 아니라 하늘의 권세를 버리고 이 땅에 죄인들을 구하러 오신 예수님처럼 사는 것입니다. 화려한 옷을 찾으며 명품을 걸치고 교회에 와서 어깨를 높이 쳐드는 것이 아니라 베옷을 입고 가난한 자와 이웃을 돌보며 사랑을 베푸는 것입니다. 고급 식당에서 한 끼를 먹는 것이 아프리카의 한 부족의 일 년 동안 먹는 양식이라는 것을 알고, 금식을 하며 그 가치로 세상의 소외된 자들, 가난한 자들, 고아와 과부를 돌보는 것이 진정한 그리스도인의 빛으로의 사는 삶입니다. 이것은 분명히 극단적 표현이나 과장된 이야기일 수 있습니다. 그리고 교회 다니는 사람 중 소수 모습이라고 말을 할 수 있을 것입니다. 그러나 우리는 오늘 니느웨 백성처럼 간절히 하나님 앞에 나라와 민족을 위해 금식하며 베옷을 입고 회개하며 기도하지 못했습니다. 남의 눈의 티를 보기보다 내 눈의 들보를 먼저 벗어내기 위한 회개와 금식이 필요한 시대입니다.

적용을 위한 기도

성삼위 하나님! 베옷을 입고, 금식을 하며 회개하게 하소서. 힘을 사용하여 행하던 폭력을 그치게 하소서. 철저히 나를 살펴 예수님께서 사셨던 겸손하며 단순한 삶을 살게 하소서. 우리 삶의 소망이신 예수님의 이름으로 기도합니다. 아멘

절망에서의 회개

그러므로 저는 제 주장을 거두어들이고, 티끌과 잿더미 위에 앉아서 회개합니다. 욥기 42:6

묵상을 위한 기도

성삼위 하나님 아버지, 찬양과 감사로 하루를 시작합니다. 오늘도 주님의 세미한 음성을 들으며 진리의 말씀 앞에 저의 마음의 생각과 묵상이 고쳐지고 회복되는 하루가 되게 하소서. 예수님의 이름으로 기도합니다. 아멘

본문묵상 본문을 여러 번 읽어 예수님의 마음을 느끼는 시간이 되도록 합시다.

욥기 42:2~6

2. 주께서는 못하시는 일이 없으시다는 것을, 이제 저는 알았습니다. 주님의 계획은 어김없이 이루어진다는 것도, 저는 깨달았습니다. 3. 잘 알지도 못하면서, 감히 주님의 뜻을 흐려 놓으려 한 자가 바로 저입니다. 깨닫지도 못하면서, 함부로 말을 하였습니다. 제가 알기에는, 너무나 신기한 일들이었습니다. 4. 주께서 말씀하셨습니다. "들어라. 내가 말하겠다. 내가 물을 터이니, 내게 대답하여라" 하셨습니다. 5. 주님이 어떤 분이시라는 것을, 지금까지는 제가 귀로만 들었습니다. 그러나 이제는 제가 제 눈으로 주님을 뵙습니다. 6. 그러므로 저는 제 주장을 거두어들이고, 티끌과 잿더미 위에 앉아서 회개합니다.

처음 주님을 만나 기뻐하며 성삼위 하나님이 어떤 분이신지 알려고 하루에 몇 시간씩 성경을 읽을 때였습니다. 신앙의 친구들과 함께 하나님에 대해 이야기하며 밤을 지새우고 있었습니다. 한 친구가 이야기합니다. "나는 어제 하나님의 음성을 직접 들었어." 우리가 친구에게 말하듯이 그렇게 직접 하나님께서 자신에게 말을 했다는 것입니다. 하나님께서 자연현상을 통한 일반적으로 자신의 뜻을 우리에게 보여주시거나 혹은 성경을 통해 특별하게 자신을 우리에게 나타내셨다는 것을 배운 터라 친구의 말이 잘못된 것이라고 믿고 이른 새벽

까지 성경 이곳저곳을 뒤지며 논쟁하던 때가 있었습니다. "어떻게 그렇게 하나님이 직접 말씀하실 수가 있어? 그건 환상이야. 성경이 아니면 잘못된 것이야!" 지금도 가끔 그때 저의 오만함과 어리석음을 돌아보며 부끄러울 때가 있습니다. '하나님을 몰라도 너무 몰랐구나. 천지를 지으신 하나님이 왜 그러실 수 없다고 주장했을까?'

오늘 본문을 보면 욥의 고백은 "잘 알지도 못하면서, 감히 주님의 뜻을 흐려 놓으려 한자가 바로 저입니다. 깨닫지도 못하면서 함부로 말하였습니다"3절라고 고백합니다. 자신의 전 재산과 사랑하는 자식들을 잃고 자신의 몸이 병으로 고통 가운데 있는 욥에게 친구들이 찾아옵니다. 위로하러 왔다는 친구들이 오히려 욥의 잘못을 지적합니다. 그럴 때마다 욥은 하나님에 대해 논쟁합니다. 욥기의 내용은 욥과 욥의 친구들이 각자 아는 하나님에 대한 논쟁이라고 해도 지나치지 않다고 생각합니다. 그렇게 논쟁의 긴 시간이 지나고 욥기 38장부터 41장까지 하나님께서 폭풍 가운데서 음성을 통해 나타나십니다. 드디어 욥은 자신의 미천함과 자기가 무지한 말을 했음을 깨닫고 하나님을 향해 자신의 교만함을 고백합니다.

사순절 기간에 먼저 우리는 하나님을 다 아는 것처럼 교만했던 우리의 마음을 회개해야 합니다. 티끌과 재를 뒤집어쓰고 있으면서도 여전히 내 지식의 교만으로 하나님에 대해 다 아는 것처럼 친구와 논쟁했던 욥과 같은 교만이 우리에게 있음을 알고 회개해야 합니다. 나만 하나님을 안다고 하는 교만과 내가 아는 하나님이 전부라고 생각하는 굳은 마음을 회개해야 합니다. 내가 믿는 교리가 다 하나님에 대해 말해 주고 있다고 고집을 부리며 마음을 좁혀갔던 어리석음을 고백해야 합니다. 내가 믿는 교리를 가지고 다른 사람의 믿음을 판단하고 정죄하며 살던 나의 오만과 편견을 회개해야 합니다. 그렇다고 해서 예수님 외에 다른 곳에도 구원이 있다는 것을 받아들이라는 것이 아닙니다. 다른 사람을 먼저 판단하거나 정죄하기 전에 저들도 하나님께서 긍휼히 여기고 계시다는 것을 알아야 합니다. 그리고 지금도 그들이 예수님을 통해 하나님께로 돌아오기를 기다리고 계시는 하나님의 넓은 마음을 품고 그들을 진심으로 사랑해야 한다는 것입니다.

욥은 이런 고백을 합니다. "하나님을 모르면서 아는 체했다 (3절~쉬운 성경)."
다른 말로 표현하면 하나님을 알아가려고 하지 않으면서 하나님을 아는 체했다
는 말입니다. 먼저 하나님을 알아가려고 하지 않았던 우리의 안일함과 게으름을
회개해야 합니다. 세상의 지식과 세상의 가치는 새벽부터 밤늦게까지 알아가려
고 하면서도 하나님을 아는데 시간을 드리기에는 인색했던 우리의 어리석음을
회개해야 합니다. 하나님을 알아가는 모임에 참여하거나 예배하는 모임을 찾기
보다는 나를 그럴싸하게 만들어 주는 세상의 모임과 가치를 찾아 헤맸던 모습을
회개해야 합니다.

사순절 기간에 우리는 하나님을 모르면서 아는 체하는 자가 아니라 하나님을
알아 가는 자가 되어야 합니다. "귀로 듣기만 했던 하나님을 이제는 직접 눈으로
보았다"5절고 욥은 말하고 있습니다. 하나님이 사랑하시는 사람들을 통해 하나님
을 직접 눈으로 만나는 시간이 되어야 합니다. 또한, 하나님이 만드신 창조 세계
인 온 자연 만물을 통해서 우리는 주님을 직접 눈으로 보아야 합니다. 사순절 기
간에 우리는 할 수만 있다면 온몸과 뜻과 정성을 다해 성삼위 하나님을 더 많이
알아가고 그분의 음성을 듣는 시간이 되어야 할 것입니다. 바울의 고백처럼 하나
님을 알면 알수록 우리는 더 부끄러운 죄인이며, 한없는 은혜를 입은 용서 받은
자임을 알게 될 것이기 때문입니다. 롬5:15

소망이 있습니다. 하나님은 폭풍 가운데 욥을 만나 주셨습니다. 욥38:1 세미한
음성 가운데 엘리야를 만나주셨습니다. 왕상19:12 험한 바다 물결 가운데서도 주님
은 제자들을 만나 주셨습니다. 마14:27 마음에 재와 티를 뒤집어쓰고 참회하는 우
리에게 찾아오시고 당신을 알게 하신 주님의 사랑 때문에 소망이 있습니다.

적용을 위한 기도

주님! 알지도 못하면서 아는 체했던 저를 용서해 주세요. 그리고 저희를 만나
주셔서 직접 눈으로 주님을 보고 알게 해 주세요. 예수님의 이름으로 기도합니다.
아멘.

간절한 회개와 기도

그런데 세리는 멀찍이 서서, 하늘을 우러러볼 엄두도 못 내고, 가슴을 치며 '아, 하나님, 이 죄인에게 자비를 베풀어 주십시오' 하고 말하였다. 누가복음 18:13

묵상을 위한 기도

자비와 긍휼이 풍성하신 성삼위 하나님 아버지. 오늘도 주님께 찬양과 영광을 돌리며 하루를 시작합니다. 오늘도 성령의 감동하심과 내주하시는 능력으로 주의 말씀이 내 발의 등이요 내 길에 빛임을 깨닫고, 말씀에 순종하게 하소서. 예수님의 이름으로 기도합니다. 아멘

본문묵상 본문을 여러 번 읽어 예수님의 마음을 느끼는 시간이 되도록 합시다.

누가복음 18:9~14

9. 스스로 의롭다고 확신하고 남을 멸시하는 몇몇 사람에게 예수께서는 이 비유를 말씀하셨다. 10. "두 사람이 기도하러 성전에 올라갔다. 하나는 바리새파 사람이고, 다른 하나는 세리다. 11. 바리새파 사람은 서서, 혼잣말로 이렇게 기도하였다. 하나님, 감사합니다. 나는, 토색하는 자나 불의한 자나 간음하는 자 같은 다른 사람들과 같지 않으며, 또는, 이 세리와도 같지 않습니다. 12. 나는 이레에 두 번씩 금식하고, 내 모든 소득의 십일조를 바칩니다.' 13. 그런데 세리는 멀찍이 서서, 하늘을 우러러볼 엄두도 못 내고, 가슴을 치며 '아, 하나님, 이 죄인에게 자비를 베풀어 주십시오' 하고 말하였다. 14. 내가 너희에게 말한다. 의롭다는 인정을 받고서, 자기 집으로 내려간 사람은 저 바리새파 사람이 아니라, 이 세리다. 누구든지 자기를 높이는 사람은 낮아지고, 자기를 낮추는 사람은 높아질 것이다."

멸시를 당해보지 않은 사람은 예수님의 마음을 잘 모를 것이라는 생각을 해 보았습니다. 천지가 창조되기 전에 하나님과 함께 계셨으며요1:1~2 천지를 지으신 분이요1:3 하늘 보좌를 버리고 이 땅에 내려오셔서빌2:7 채찍을 맞으시고마27:26 얼굴에 침 뱉음마27:30을 당하신 분이 예수님이시기 때문입니다.

이것은 분명히 이사야 선지자가 말한 것처럼 멸시를 당하신 것입니다.사53:3 이 말은 역으로 말하면 우리는 다 멸시를 한 사람들입니다. 우리가 인정하든 안 하든 우리는 예수님을 멸시했기 때문입니다.

오늘 본문은 예수님께서 비유로 하신 내용 중의 하나로 "스스로 의롭다고 생각하고 남을 멸시하는 사람들에게"9절 하신 말씀입니다. 서두에서 말했듯이 우리는 모두 예수님을 "멸시"한 사람들이기 때문에 이 말씀은 특정인에게 하는 것이 아니라 우리 모두에게 예수님께서 하고 계시는 것입니다. 마음으로 나는 아니야 하고 생각하는 순간 우리는 이미 예수님을 멸시하는 것입니다.

예수님은 기도하러 성전에 올라가는 두 사람을 비유하며 말씀하십니다. 한 사람은 사회적으로 인정을 받으며, 사람들이 부러워하는 바리새인입니다. 이 사람의 기도는 오늘날 교회에서 잘 쓰는 말을 빌리자면 "거룩하신 분"입니다. 남과 비교해 볼 때 "남의 물건을 훔치거나, 불의한 일을 하지 않았을 뿐만 아니라 성적으로도 문란"하지 않았습니다. 모범생이며 반듯한 사람입니다. 그리고 교회 생활에도 열심이었습니다. 그 당시 기도의 풍습을 잘 따라서 하루 세 번씩 기도하고 자신의 소득 가운데 십 분의 일을 꼬박꼬박 하나님께 드리는 "신실한" 교인이었습니다. 반대로 다른 한 사람은 사회적으로 인정을 받지도 못하고 "죄인"이라고 취급받는 이방인 세리였습니다. 세금 문제로 온종일 사람들과 씨름하느라 하루 세 번 기도하지도 못했을 것입니다. 이방인이라 십일조를 드리는 것도 잘 몰랐을 것입니다. 그래서 사회적으로 그리고 종교적으로 내세울 것이 없는 사람입니다.

이 두 사람이 하는 기도에는 삶의 태도가 담겨 있습니다. 바리새인은 남과 다름을 강조하면서 남보다 잘 지냈다는 비교의 기도입니다. 세리의 기도는 부끄러운 회개의 기도입니다. 전자의 기도는 내세우는 기도라면 후자의 기도는 하나님의 긍휼을 구하는 간절한 회개의 기도입니다. 바리새인의 기도에는 남을 판단하며 내가 그렇지 않다는 우월의식의 삶이 담겨 있다면 세리의 기도에는 남보다 못 살았으니 용서해 달라는 간구의 기도입니다. 그러나 더 중요한 것은 바리새인 기도의 초점은 '나'에게 있지만, 세리 기도의 초점은 "하나님"께 있다는 것입니다.

사순절 기간은 우리의 신앙과 삶과 마음의 태도를 돌아보는 소중한 시간입니다. 먼저 남과 비교하면서, 남을 멸시하고, '나' 중심의 삶이 아니었나? 돌아보며 회개해야 합니다. '나'에게 초점을 맞추어 다른 사람을 판단하고 정죄하며 멸시했던 삶이 있다면 하나님께 고백하며 용서를 구하는 회개의 기도를 드려야 합니다. 그리고 하나님이 계셔야 할 내 삶의 중심에 '내 의'가 자리 잡고 있지는 않았나? 살펴보아야 합니다. 나 스스로 의로운 척하며 살아왔다면, 하나님 앞에는 아무도 의로운 자가 없다는 하나님의 말씀을 기억하며 회개해야 합니다.롬3:10 그리고 '나' 중심의 '종교적 열심'은 하나님께서 의로 여기지 않으십니다. 새벽기도에 한 번도 빠지지 않고 나가도 '나' 중심의 종교적 열정은 자기 수양밖에 되지 않습니다. '종교적 열심'이 남을 판단하고 멸시하는 마음에서 출발하는 것이 아니라 오히려 하나님과 이웃을 사랑하는 죄인의 마음에서 비롯되어야 합니다.

바리새인과는 달리 세리는 얼굴도 들지 못하고 가슴을 치며 "하나님의 긍휼"을 구하고 있습니다.13절 이것이 하나님이 찾으시는 상한 심령과 통회하는 마음입니다.시51:17 하나님께서 찾으시는 마음이 되려면 "나" 중심에서 "하나님" 중심으로 변해야 합니다. 상한 마음은 남과 비교하는 마음에서 생기는 것이 아니라 하나님의 거룩함에서 생기는 것입니다. 하나님 앞에서 발견한 죄로 말미암아 상한 심령은 하나님의 위로를 받게 됩니다. 이러한 하나님의 위로는 나를 바꾸고 내가 속한 세상을 변화시킵니다. 남과 비교하며 남을 멸시하는 마음은 파괴와 폭력을 가져오지만, 하나님 앞에서 통회하는 마음은 고침과 회복을 가져 옵니다. 이것이 샬롬의 회복입니다. 비교할 때는 평화가 깨어집니다. 그러나 하나님 앞에 간절히 상한 심령으로 "불쌍히 여김"을 바라는 자는 용서의 긍휼로 평화를 누립니다. 상한 마음과 통회하는 눈물로 주의 제단에 나간 자는 하나님의 긍휼하심으로 임하는 평화를 맛보며 돌아옵니다. 자신의 의를 드러내며 남을 멸시하며, 거룩한 삶을 자랑하는 바리새인의 삶보다 가슴을 치며 "죄인"이라고 고백하고 용서를 구하는 세리를 "의롭다고" 인정하시는 하나님의 진리와 정의를 찬양합니다.

적용을 위한 기도

상한 마음과 통회하는 마음을 찾으시는 성삼위 하나님, '나' 중심의 교만한 마음을 버리고 죄인의 심정으로 겸손히 당신께 나아가는 삶이 되게 하소서. 예수님의 이름으로 기도합니다. 아멘

사람이 사는 길

예수께서 대답하셨다. "성경에 기록하기를 '사람이 빵으로만 살 것이 아니라, 하나님의 입에서 나오는 모든 말씀으로 살 것이다' 하였다." 마태복음 4:4

묵상을 위한 기도

성삼위 하나님 아버지. 찬양과 감사로 하루를 시작합니다. 오늘도 주의 성령으로 저의 마음의 눈을 뜨게 하셔서 당신의 기이한 법의 말씀을 깨닫고 그 말씀으로 사는 하루가 되게 하소서. 예수님의 이름으로 기도합니다. 아멘

본문묵상 본문을 여러 번 읽어 예수님의 마음을 느끼는 시간이 되도록 합시다.

마태복음 4:1~4

1. 그 즈음에 예수께서 성령에 이끌려, 광야로 가셔서, 악마에게 시험을 받으셨다. 2. 예수께서 밤낮 사십일을 금식하시니 시장하셨다. 3. 그런데 시험하는 자가 와서, 예수께 말하였다. "네가 하나님의 아들이거든, 이 돌들에게 빵이 되라고 말해 보아라." 4. 예수께서 대답하셨다. "성경에 기록하기를 '사람이 빵으로만 살 것이 아니라, 하나님의 입에서 나오는 모든 말씀으로 살 것이다' 하였다."

이 시대는 "웰빙"Well Being을 추구하는 시대입니다. 그런데 우리 주위에서 이야기하는 웰빙은 주로 먹을거리에 관한 이야기로 잘 먹고 건강하게 사는 것에 관심을 기울입니다. T.V.의 프로그램 중에서도 이러한 내용을 많이 담고 있습니다. VJ 특공대나 불만 제로 등이 그 대표적인 예라고 할 것입니다. 이 프로그램들은 사람들이 잘 먹는 음식 문화, 바르게 관리되고 조리되어야 할 음식을 위해 잘못된 것을 고치고, 맛있고 믿을만한 음식점을 소개하는 역할을 합니다. 그러나 이러한 프로그램이 많은 시청자를 유혹합니다. "저런 것을 먹어야 하는데" 혹은 "아 먹고 싶다"라는….

그러나 성경에서 사용되는 웰빙은 단순히 잘 먹고 잘사는 먹을 것에만 국한하

지 않습니다. 구약에서 웰빙은 "샬롬"이란 단어로 신약에서는 "에이레네"라는 단어로써 그 의미는 평화를 의미합니다. 샬롬의 의미는 전인격적인 행복 즉 우리 몸의 건강을 포함하여 우리가 사는 사회가 건강하고 잘 사는 행복을 의미합니다. 이것의 의미는 나만 잘 먹고 건강하여 잘 사는 것이 아니라 내가 속한 가정과 사회, 국가 그리고 세계가 다 같이 잘사는 우주적 행복을 포함합니다.

오늘 본문은 바로 사람이 "잘 사는 법"인 웰빙에 대해 말하고 있습니다. 그런데 사람이 잘사는 법은 단지 잘 먹는 것에만 있지 않다는 것이 오늘 본문에서 우리 주님이 하시는 말씀입니다. 본문은 예수님께서 요단강에서 세례 요한에게 세례를 받으시고 곧바로 성령에 의해 광야로 이끌리어 40일을 금식하시고 나서 사단에게 시험을 당하시는 내용입니다. 오랫동안 아무것도 잡수시지 않으신 주님은 분명히 무엇인가 먹고 싶으셨을 것입니다. 배고픔에 굶주린 예수님께 먹을거리는 분명히 중요한 것이었습니다. 사단이 이것을 알고 예수님을 유혹합니다. 이렇게 사단의 유혹은 우리에게 아주 치명적이고, 절실히 필요한 것들로부터 시작됩니다. 필요충분의 이유가 있는 것으로 사단은 우리를 유혹합니다. "이 돌이 빵이 되게 하라" 그러나 주님의 관심은 당신의 배고픔을 채우는 것에 있지 않았습니다. 주님의 관심은 하나님께 있었습니다. 사단이 예수님 자신의 육체적 유혹에 관심을 끌게 하지만 그 육체적 한계상황 속에서도 주님의 관심은 하나님이셨습니다. 하나님의 말씀에 "사람이 빵으로만 살 것이 아니라 하나님의 모든 말씀으로 살아야 한다"라고 말씀하고 계십니다.

본문에서의 예수님의 행동과 대답은 먹고 사는 것을 중요하게 생각하는 우리에게 커다란 도전이 아닐 수 없습니다. 서민들에게 소고기를 싸게 먹도록 하기 위한 명목으로 광우병의 위험을 감수하면서 미국산 소고기를 수입하려고 하고, 많은 사람이 아주 값싸게 먹을 수 있도록 한다고 중금속과 함께 각종 곰팡이균등이 수없이 검출되는 비위생적인 먹을거리 재료들을 중국에서 대량으로 사들이는 세대에 말입니다. 먹을 것에 유혹이 가장 많은 것을 이용해 비겁한 먹을거리 범죄를 저지르는 현실 앞에 본문은 선포하고 있습니다. "사람이 빵으로만 살 것이 아니라 하나님의 모든 말씀으로 살아야 한다."

　우리 몸의 건강을 유지하기 위해 빵은 참으로 중요합니다. 배고파 굶주린 자들에게 빵과 생선을 나누어 주셔서 오천 명을 먹이셨던마14:13~21 것처럼 주님께도 빵은 중요한 양식이었습니다. 그런데 주님은 오늘 본문에서 빵뿐만이 아니라 사람이 사는 데 필요한 것이 있다고 말씀하고 계십니다. 그것은 하나님의 모든 말씀이라고 말입니다. 왜일까요? 시편 기자는 이렇게 말하고 있습니다. 주의 말씀은 우리의 생명을 보존하고시119:93, 우리의 길이요, 빛이며시119:105, 마음의 기쁨시119:111과 나의 소망시119:114이라고 말입니다. 아모스 선지자는 "양식이 없어 주림이 아니며 물이 없어 갈함이 아니요 여호와의 말씀을 듣지 못한 기갈이라"암8:11라고 말하고 있습니다. 여호와의 말씀은 우리의 생명의 음료입니다"요4:14가 되기 때문에 중요합니다. 즉 여호와의 말씀은 우리의 영적인 양식이 되기 때문입니다.

　사단은 오늘도 우리를 먹을거리로 유혹합니다. 그러나 우리가 먼저 생각해야 할 것은 하나님의 말씀입니다. "사람이 빵으로만 살 것이 아니라 여호와의 모든 말씀으로 살 것이니라." 먹을 유혹을 이겨 보는 사순절기간이 되도록 금식을 시작해 보십시오. 이것은 우리의 삶의 중심을 이 땅의 것에서 하나님의 나라와 말씀으로 옮겨가게 하는 좋은 습관이 될 것입니다.

적용을 위한 기도

　예수님. 당신처럼 먹을거리의 유혹으로부터 우리의 눈을 당신의 말씀으로 옮겨 주십시오. 그래서 먹을거리 때문에 사단의 유혹에 빠지지 않게 하소서. 예수님의 이름으로 기도합니다. 아멘

하나님을 시험 치 말라

예수께서는 악마에게 말씀하셨다. "또 성경에 기록하기를 '주 너의 하나님을 시험하지 말아라' 하였다." 마태복음 4:7

묵상을 위한 기도

성삼위 하나님 아버지. 감사와 찬양으로 영광을 돌리며 하루를 엽니다. 진리의 말씀을 통해 당신의 뜻을 발견하고 그 말씀에 순종하며 하루를 살도록 성령을 부어 주소서. 예수님의 이름으로 기도합니다. 아멘

본문묵상 본문을 여러 번 읽어 예수님의 마음을 느끼는 시간이 되도록 합시다.

마태복음 4:5~7

5. 그때에 악마는 예수를 그 거룩한 도성으로 데리고 가서, 성전 꼭대기에 세우고 6. 말하였다. "네가 하나님의 아들이거든, 여기에서 뛰어내려 보아라. 성경에 기록하기를 '하나님이 너를 위하여 자기 천사들에게 명하실 것이다.' '그들이 손으로 너를 떠받쳐, 너의 발이 돌에 부딪히지 않게 할 것이다' 하였다." 7. 예수께서는 악마에게 말씀하셨다. "또 성경에 기록하기를 '주 너의 하나님을 시험하지 말아라' 하였다."

사람이 젊을 때는 돈을 벌려고 열심히 살고, 중년이 되어서는 권력을 얻으려고 그리고 노년이 되어서는 명예를 위해 산다는 말이 있습니다. 이처럼 돈과 명예 그리고 권력은 인간이 살아가는데 많은 유혹 거리가 아닐 수 없습니다. 하지만, 성경은 "돈을 사랑하는 것은 온갖 악의 뿌리가 됨이라"딤전6:10고 말하고 있습니다.

권력은 어떠한가요? 권력을 좋아하고 사랑하는 사람은 파멸을 당하게 됩니다. 구약의 여러 이스라엘 왕들은 자신의 권력을 유지하기 위해 많은 악을 행했습니다. 북이스라엘 왕인 여로보암은 자신의 권력유지를 위해 금송아지 두 개를 만들

어 하나는 벧엘에 하나는 단에 두어 이스라엘 백성이 예루살렘을 가는 것을 막고 우상에게 절하게 하는 악을 범했습니다.왕상12:29~33 결국은 이 일로 북이스라엘은 멸망합니다. 르호보암은 이스라엘 백성에게 더 고된 일을 시켰고대하10:14, 여호람은 자기 동생들을 다 칼로 죽였습니다.대하 21:4 왕으로서 자신의 권력을 유지하기 위해서 말입니다. 결국은 남유다도 바벨론에 의해 멸망합니다. 이처럼 권력에 대한 욕심은 파멸을 가져옵니다.

명예에 대한 욕심은 어떠한가요? 사울은 "다윗이 죽인 사람은 만만이요 사울이 죽인 사람은 천천"이라는 아이들이 부르는 노래 가사를 듣고 자신의 명예가 떨어지고 왕권이 위협을 당하게 되었다고 생각하고 다윗을 죽이려고 합니다.삼상18:6~16 그리고 결국 사울은 최후에 비참하게 멸망하고 말았습니다. 이처럼 많은 성경 속의 사람들이 돈이나 명예나 권력의 유혹에 넘어가 멸망하였습니다.

예수님께서는 인간이 넘어지기 쉬운 돈, 명예, 권력의 욕심에 대한 사단의 유혹을 말씀으로 물리치셨습니다. 특히 오늘 본문은 명예를 이용하여 사단이 유혹할 때 예수님께서 말씀으로 이기시는 내용입니다. 빵의 유혹으로 예수님으로부터 짜릿한 승리를 기대했으나 실패한 사단은 예수님을 이끌고 성전꼭대기로 데리고 가서 유혹합니다. "만일 당신이 하나님의 아들이면 뛰어내리시오…. 발이 돌에 부딪히지 않도록 할 것이라고 성경에 쓰여 있소." 이 말은 마치 예수님께서 하늘에서 내려오듯 뛰어내린다면 그것이 곧 허영과 야심으로써 메시아를 고대하는 이스라엘 백성에게 하나의 확실한 표징이 되지 않겠느냐는 유혹입니다. 예수님의 구속 사역을 아는 사단은 예수님께서 가셔야 할 희생과 고통의 길인 십자가의 길을 걷기보다는 세상의 환대와 영광을 누리는 영웅적 삶을 살라고 유혹하고 있습니다.

그러나 예수님은 주 너의 하나님을 시험하지 말라고 하십니다. 하나님의 모든 약속의 말씀은 우리의 신뢰를 위한 것이지 "하나님의 아들이어든"과 같이 가정을 위한 것이 아님을 아셨기 때문입니다. "손으로 당신을 붙잡아 발이 돌에 부딪히지 않도록 할 것이다"는 사단이 인용한 말은 시편 91편 11절과 12절의 내용의 말로 성경의 본 의미는 하나님께서 하나님을 의지하는 모든 자의 편안하고도 절대적 안전을 약속한다는 말씀입니다. 하나님을 절대적으로 의지하는 자는 하나님께서 약속하신 말씀 속에 "가정"이라는 또 다른 의혹을 품지 않기 때문에 사단의 유혹은 의미가 없습니다. 이것은 창세기의 사단이 하와를 유혹할 때의 모습을 생각나게 합니다. "하나님께서 먹지 말라고 하시더냐?" 창3:1

성경의 역사나 세상의 역사를 살펴보면 명예에 대한 인간의 욕심은 평화를 깨고 파멸을 가져온다는 것입니다. 그러한 명예에 대한 사단의 유혹을 예수님께서 이기셨습니다. 하나님의 말씀에 대한 전적인 신뢰를 통해서 말입니다. 사단은 오늘도 우리를 말씀에 대한 의혹의 고리로 유혹하고 있습니다. 우리가 아는 말씀을 이용하여 말입니다. 사단의 유혹을 이기는 길은 하나님의 약속의 말씀을 아는 것이 아니라 그 말씀을 전적으로 믿고 신뢰하는 것에 있습니다.

적용을 위한 기도
주님! 우리를 유혹하는 명예에 대한 욕심을 예수님처럼 말씀에 대한 전적인 신뢰와 확신으로 이기게 하소서. 예수님의 이름으로 기도합니다. 아멘

그릇된 경배

그때에 예수께서 그에게 말씀하셨다. "사탄아, 물러가라. 성경에 기록하기를 '주 너의 하나님께 경배하고, 그분만을 섬겨라' 하였다." 마태복음 4:10

묵상을 위한 기도

성삼위 하나님 아버지, 오늘 아침도 주님을 기쁨으로 찬양하며 노래함으로 시작합니다. 성령을 부어주셔서 당신의 놀라운 진리의 말씀을 깨닫게 하소서. 그 말씀 앞에 순종하며 사는 하루가 되게 하소서. 예수님의 이름으로 기도합니다. 아멘

본문묵상 본문을 여러 번 읽어 예수님의 마음을 느끼는 시간이 되도록 합시다.

마태복음 4:8-11

8. 또다시 악마는 예수를 매우 높은 산으로 데리고 가서, 세상의 모든 나라와 그 영광을 보여 주며, 9. 그에게 말하였다. "네가 나에게 엎드려서 절을 하면, 이 모든 것을 네게 주겠다." 10. 그때에 예수께서 그에게 말씀하셨다. "사탄아, 물러가라. 성경에 기록하기를 '주 너의 하나님께 경배하고, 그분만을 섬겨라' 하였다." 11. 이 때에 악마는 떠나가고, 천사들이 와서, 예수의 시중을 들었다.

사탄이 예수님을 시험하는 첫 번째 유혹은 빵이었습니다. 물질적 약점을 이용하여 메시아의 진정성에 대한 도전이었습니다. 두 번째 시험은 명예를 이용한 메시아의 권위에 대한 도전이었습니다. 그러나 이러한 두 번의 유혹에서 실패한 사단이 세 번째 유혹을 하는 장면이 오늘의 본문입니다. 이 유혹은 가장 본질적인 영적, 신앙적 문제에 관한 것으로서 메시아의 순결성에 대한 도전이었습니다.

사단은 예수님을 세상 모든 나라와 영광을 볼 수 있는 높은 산으로 데리고 갔습니다. 어떤 학자들은 이 높은 산을 헬몬산 또는 모세가 가나안 땅을 내려다보았던 느보산신34:1~3으로 추정합니다. 이 높은 산에서 천하만국을 보여 주며 사단은

또 한 번의 예수님을 유혹합니다. "만일 당신이 나에게 절하고, 경배하면, 이 모든 것을 주겠소."

　사단은 사실 이 세상의 임금이요요12:31; 14:30; 16:11, 공중의 권세 잡은엡2:2 타락한 신고후4:4이라고 성경은 말하고 있습니다. 그러나 제한된 범위 안에서만 자신의 권세를 실현할 수 있는 흑암의 세력일 뿐입니다. 그 끝은 곧 멸망입니다. 예수님이 가시는 십자가의 길을 통해 멸망하게 될 존재입니다. 그런데도 가증하게 세상의 창조자이시며 통치자이시고 이 세상의 모든 창조물로부터 경배받으실 예수님에게 도전합니다. "당신이 나에게 절하면 이 모든 것을 주겠소."

　주님은 고통을 감내하지 않고 허영으로 얻어지는 영광은 원하지 않으셨습니다. 이 땅에서 죄로 말미암아 죽어가는 모든 사람을 구속하시기 위해 가셔야 할 십자가의 길을 외면하지 않으셨습니다. 고통을 당하시고 십자가에서 돌아가시고, 무덤 속 암흑의 세계에 사흘 동안 계시는 참혹한 아픔을 겪으시고 나서 얻어질 진정한 영광을 바라보셨습니다. 그리고 사단의 그럴싸한 유혹을 말씀으로 물리치셨습니다. "사단아 물러가라. 오직 주 너의 하나님께만 경배하고, 그를 섬겨라"

　오늘 예수님이 가신 십자가의 길을 따르는 우리에게도 이러한 유혹은 계속 됩니다. 사단은 오늘도 우리를 영적으로 유혹합니다. 성경은 "예수 그리스도의 이름 외에는 다른 구원을 받을 길이 없다"행4:12고 말하는데 사단은 다른 데에 구원이 있다고 유혹합니다. 성경은 "두 주인을 섬길 수 없다"마6:24라고 하는데 하나님과 재물을 함께 섬길 수 있다고 속삭입니다. "안식일을 기억하여 거룩히 지키라"출20:8고 말씀하시는데 "먹고 살기 어려운데 어떻게 쉬느냐?" 하며 하나님을 예배하는 일에 게으릅니다. "사람을 죽이지 말라"출20:13고 말씀하시는데, 우리는 마음으로 많은 사람을 죽이고 정죄합니다. "간음하지 말라"출20:14고 성경은 선포하는데 각종 매스컴은 혼외정사와 간음을 자랑하며 부추깁니다. 이런 모든 것이 사단의 계략으로 우리를 멸망시키려는 유혹임을 우리는 알아야 합니다. 이런 유혹 앞에 우리가 외칠 수 있는 한마디는 "사단아 물러가라" 입니다.

사단에게 절하고 경배하는 세대에 우리 그리스도인들이 회복해 내야 할 한 가지는 바로 "오직 하나님만"이라는 마음입니다. 우리가 경배할 유일한 분은 바로 천지를 지으시고 다스리시는 하나님이십니다. 우리를 사랑하셔서 하나밖에 없는 아들 예수 그리스도를 이 땅에 보내주신 하나님 한 분만을 경배해야 합니다. 순수하게 하나님만 경배하는 예배가 회복되어야 합니다. 몸과 마음과 뜻과 정성을 다해 하나님만 섬기고 그분에게만 절해야 합니다. 사단의 세 번째 유혹은 본질적 회복이 얼마나 중요한지 가르쳐 주고 있습니다. 단호하게 물리치시는 예수님의 말씀을 들어 보십시오. "사단아 썩 물러가라"10절-쉬운성경

사순절 기간에 "하나님만 섬기며 그분만 경배"하는 삶의 습관이 자리 잡는 시간이 되길 바랍니다. "허영심과 사치"는 하나님만 섬기는 마음을 빼앗아 갑니다. 화려한 세상이 눈에 들어오는 순간 하나님 나라의 좁은 길은 가려져 버립니다. 고통 없는 그리스도인은 십자가가 빠진 모조품 삶입니다. 하나님께만 절하고 그분만 경배하는 삶은 예수님께서 가신 고난의 길입니다. 그러나 그 길은 사단의 유혹을 이긴 승리로 얻게 되는 평화의 길이며 진리의 길입니다.

적용을 위한 기도

주님. 오직 성삼위 하나님만 섬기며 경배하는 외길인생이 되게 하소서. 예수님의 이름으로 기도합니다. 아멘

복이 있는 사람

마음이 깨끗한 사람은 복이 있다. 그들이 하나님을 볼 것이다. 평화를 이루는 사람은 복이 있다. 그들이 하나님의 자녀라고 불릴 것이다. 의를 위하여 박해를 받은 사람은 복이 있다. 하늘나라가 그들의 것이다. 마태복음 5:8~10

묵상을 위한 기도

성삼위 하나님 아버지, 당신께서 베푸시는 은혜로 오늘도 하루를 시작합니다. 찬양과 감사로 영광을 돌리며 성령의 은혜를 구합니다. 말씀을 통해 당신의 뜻을 깨닫고 순종하며 이웃에게 실천하는 하루의 삶이 되게 하소서. 예수님의 이름으로 기도합니다. 아멘

본문묵상 본문을 여러 번 읽어 예수님의 마음을 느끼는 시간이 되도록 합시다.

마태복음 5:3~12

3. "마음이 가난한 사람은 복이 있다. 하늘나라가 그들의 것이다. 4. 슬퍼하는 사람은 복이 있다. 그들이 위로를 받을 것이다. 5. 온유한 사람은 복이 있다. 그들이 땅을 차지할 것이다. 6. 의에 주리고 목마른 사람은 복이 있다. 그들이 배부를 것이다. 7. 자비한 사람은 복이 있다. 그들이 자비함을 입을 것이다. 8. 마음이 깨끗한 사람은 복이 있다. 그들이 하나님을 볼 것이다. 9. 평화를 이루는 사람은 복이 있다. 그들이 하나님의 자녀라고 불릴 것이다. 10. 의를 위하여 박해를 받은 사람은 복이 있다. 하늘나라가 그들의 것이다. 11. 너희가 나 때문에 모욕을 당하고, 박해를 받고, 터무니없는 말로 온갖 비난을 받으면, 너희에게 복이 있다. 12. 너희는 기뻐하고 즐거워하여라. 하늘에서 받을 너희의 상이 크기 때문이다. 너희보다 먼저 온 예언자들도 이와 같이 박해를 받았다."

사단의 유혹을 말씀으로 이기신 예수님께서 12명의 제자를 하나씩 부르십니다. 그리고 하나님 나라의 복음을 전파하시며, 병자들을 고치시고, 가르치십니다. 마태복음에서 저자 마태는 주님의 제자들이 어떻게 살아야 하는지

에 대한 예수님의 가르치심에 초점을 맞춥니다. 그것이 바로 산상수훈이라고 하는 5장부터 7장까지의 내용입니다

산상수훈의 시작은 오늘 본문으로부터 시작됩니다. 사람들은 오늘 본문의 내용을 팔복이라고 합니다. 예수님께서 "…하는 자는 복이 있다…"라는 부사절을 반복하여 사용하시기 때문에 붙여진 것입니다. 한국어 표현보다 본문의 의미를 더 잘 표현한 것이 있다면 바로 영어표기입니다. 본문은 영어로 "Beatitude"라고 합니다. 이 의미는 "어떤 태도가 되는 것"이라는 의미입니다. 본문은 참으로 복에 대한 것보다 그리스도인들이 살아가는 삶의 태도를 더 잘 표현해 주고 있습니다.

본문에서 예수님께서 말씀하시는 복이 있는 사람은 이 세상에서 의미하는 복이 있는 사람과는 아주 다릅니다. 이 세상에서 복 있는 사람은 많이 가지고 그 가진 것 때문에 기뻐하는 자가 복 있는 자입니다. 그러나 예수님께서는 마음이 오히려 가난하고 의에 주리고 목마른 자가 복이 있는 자라고 말씀하십니다. 이것은 물질적으로 단순한 삶을 사는 가난한 것만을 의미하는 것이 아니라 영적인 가난함을 포함합니다. 그래서 하나님만 의지할 수밖에 없는 자는 복이 있는 자라는 것입니다. 또한, 남을 다스리고 지배하는 것이 이 세상이 말하는 복이 있는 자라면 천국의 백성의 복은 자비를 베풀며 마음이 온유한 사람이 오히려 복이 있는 자라고 말합니다. 이 세상은 힘과 권력을 많이 가진 사람을 복 있는 사람이라고 하지만 하나님 나라의 백성은 평화를 위해 살고 올바르게 살려고 고난을 당하는 자가 복 있는 자라고 말하고 있습니다. 세상은 죄가 없다고 하며 자신이 의로운 자임을 자랑하며, 권모 수술에 능한 사람을 복이 있는 자라고 하지만 예수님의 가르침은 자신이 죄인임을 깨닫고 하나님 앞에 회개하며, 가슴을 치며 애통하는 자가 복이 있는 자라고 말합니다. 그래서 예수 그리스로 말미암아 마음의 죄를 씻음 받고 청결한 자가 복 있는 자입니다.

이처럼 하나님 나라의 삶의 원리는 세상의 삶의 원리와 아주 다릅니다. 거꾸로 사는 인생입니다. 많은 사람이 가는 넓은 길을 가는 자가 복 있는 자가 아니라 좁은 길을 선택하는 것입니다. 자기를 위해 사는 세상의 가치를 따르지 않고 남을

섬기며 돕는 삶을 사는 것입니다. 많은 사람이 추구하기 쉽고 편안한 세상과 타협하며 사는 것이 아니라 예수님처럼 진리와 평화를 위해 고난이 와도 그 길을 선택하여 가는 것이 하나님의 백성이 사는 원리입니다. 그리스도인은 세상으로부터 "관심(?)"을 받아야 합니다. 너무 청결하고 깨끗하며 남을 섬기는 삶 때문에 말입니다.

이것이 제자의 삶입니다. 자신이 전인격으로 주님처럼 살고자 변화를 입고 사는 것이 제자의 삶입니다. 제자의 삶은 주님처럼 하나님의 뜻을 찾고, 생각하는 삶입니다. 주님께서 말씀하시면 병자가 나으며, 소망이 없던 자가 힘을 얻고 위로를 받는 것처럼 남을 격려하고 세우는 소망의 말을 하는 자입니다. 전 인격이 예수님을 닮는 것입니다. 이웃을 위해 마음이 가난하고, 온유하며, 자비로운 사람이 되어 받는 고난이 바로 주님의 이름을 위해 받는 고난이고 그것이 바로 주님의 제자의 삶입니다. 자기 것을 다 챙기며, 말로 길거리에서 예수님 믿으라고 하면서, 이웃을 방해하며 받는 고난은 주님의 이름 때문에 받는 고난이 아닙니다. 자기 욕심에 의해 고난을 받으면서 예수님의 이름 때문에 받는 고난이라고 착각하는 오늘의 많은 교인이 있습니다. 진정으로 남을 섬기며, 의롭고 바르게 살려고 하면서 당하는 고난이 예수님의 이름 때문에 받는 고난입니다. 이런 고난을 받는 진정성이 있는 그리스도인이 필요한 세대입니다.

사순절 기간은 주님을 따르는 제자로 기초부터 다시 살피고 회복하는 시간입니다. 내가 먼저 바르게 말씀 앞에 서고, 내가 먼저 이웃을 사랑하며 섬기며, 하나님을 사랑하는 기본이 회복되는 시기입니다. 기본이 회복되어, 진정으로 복이 있는 자, 말씀을 삶 가운데서 이웃에게 실천하는 자가 되어야 합니다.

적용을 위한 기도

주님. 겸손히 나를 살펴 변화를 입고, 주님의 이름으로 남을 섬기며, 삶의 실천이 일어나는 그리스도인으로 거듭나게 하소서. 예수님의 이름으로 기도합니다. 아멘.

한계를 뛰어넘는 사랑

그러나 나는 너희에게 말한다. 너희의 원수를 사랑하고, 너희를 박해하는 사람을 위하여 기도하여라. 마태복음 5:44

묵상을 위한 기도

　평화의 성삼위 하나님 아버지, 감사와 찬양으로 하루를 시작합니다. 성령의 내주하심으로 진리의 말씀 속에서 당신의 사랑과 평화를 발견하여 순종하게 하소서. 말씀을 삶 속에서 이웃에게 실천할 수 있는 용기와 능력을 주소서. 예수님의 이름으로 기도합니다. 아멘

본문묵상 본문을 여러 번 읽어 예수님의 마음을 느끼는 시간이 되도록 합시다.

마태복음 5:43~48

43. "네 이웃을 사랑하고, 네 원수를 미워하여라' 하고 이른 것을, 너희가 들었다. 44. 그러나 나는 너희에게 말한다. 너희의 원수를 사랑하고, 너희를 박해하는 사람을 위하여 기도하여라. 45. 그래야만, 너희가 하늘에 계신 너희 아버지의 자녀가 될 것이다. 아버지께서는, 악한 사람에게나 선한 사람에게나, 똑같이 해를 떠오르게 하시고, 의로운 사람에게나 불의한 사람에게나, 똑같이 비를 내려 주신다. 46. 너희가 너희를 사랑하는 사람만 사랑하면, 무슨 상을 받겠느냐? 세리도 그만큼은 하지 않느냐? 47. 또한, 너희가 너희 형제자매들에게만 인사를 하면서 지내면, 남보다 나을 것이 무엇이냐? 이방 사람들도 그만큼은 하지 않느냐? 48. 그러므로 너희의 하늘 아버지께서 완전하신 것과 같이, 너희도 완전하여라."

그리스도인에게 가장 큰 능력이 있다면 그것은 조건 없는 사랑을 하는 능력입니다. 하지만, 이것은 인간의 역사를 통해 끝없는 질문을 불러일으킵니다. 인간에게 조건 없는 사랑이 가능한 가에서부터 시작하여 내가 속한 가정, 사회, 국가가 위협을 느끼는데도 아무 방어도 하지 않고 '원수사랑'이라는 이름으로 그냥 있어야 하느냐는 극단적 상황에 이르는 질문까지 꼬리에 꼬리를 잇는

질문들입니다. 하지만, 우리 주님의 가르침은 "원수를 사랑하고, 너희를 박해하는 사람을 위하여 기도하여라"라고 말씀하고 계십니다.

우리 주님은 원수 사랑의 방법은 나를 비우는 것에서 비롯되는 것이라고 말씀하십니다. "네 오른쪽 뺨을 때리면 다른 뺨도 돌려대라, 속옷을 가지려 하거든 겉옷까지 주어라, 1.5킬로미터를 가자고 하면 3킬로미터를 가주어라"라고 말씀하십니다. 그런데 이 모든 요구를 하는 사람들이 어떤 사람들인가요? 예수님의 말씀을 보면 "나쁜 사람, 재판을 거는 사람, 그리고 너를 강제로 요구하는 사람"들입니다. 원수와 박해하는 자들이죠. 그런데 이런 자들의 요구를 초월해 베풀라고 하시는 예수님이십니다. 그들의 요구 이상의 것을 하라는 것은 나를 비우라는 것입니다.

오늘 말씀의 본문은 이런 사랑에 근거한 실천적 윤리를 강조하신 예수님의 가르침 중의 최절정입니다. "원수를 사랑하라. 박해하는 사람을 위해 기도하라." 이것은 새로운 세상을 위한 삶의 원리입니다. 이것은 그동안의 윤리 강령을 뛰어넘는 것이었습니다. 그동안의 유대인의 율법은 "이는 이, 눈은 눈"이었습니다. 출21:24; 레24:19~20; 신19:21 이런 유대인의 율법은 복수를 행하라는 법이 아님을 우리는 먼저 알아야 합니다. 이것은 처벌 조항을 만들어 미리 범죄를 방지하고 하나님의 질서와 공의를 이루기 위한 국가적 사법제도라 할 수 있습니다. 그러나 인간이 악하여 보복을 제한하고 공정하게 처벌하기 위해 만들어진 법이 하나님께서 보복행위를 인정하신다고 악용됐다는 것입니다.

이제 예수님께서 한계를 뛰어넘는 사랑의 법을 예수님의 제자들에게 말씀하십니다. "원수를 사랑하고 박해하는 자들을 위해 기도하라." 이것은 보복의 여지를 남겨 두지 않습니다. 역사를 보면 보복의 역사입니다. 분쟁지역을 다니며 평화사역을 하는 사람들의 한결같은 말이 있습니다. 그것은 복수를 위해 어린 아이들까지 총을 쏘는 법을 배우고 있다는 것입니다. 복수는 또 다른 복수를 불러옵니다. 다른 말로 말하여 폭력은 또 다른 폭력을 가져 옵니다. 악의 고리를 끊기 위한 최선의 윤리는 "원수를 사랑하고 박해하는 자들을 위해 기도하는" 예수님의 가르침을 따르는 것입니다.

왜 우리는 "원수를 사랑하고 박해하는 자들을 위해 기도해야" 하는지요? 그것은 바로 "하늘에 계신 아버지의 아들"이 되는 길이기 때문입니다. 하나님의 사랑에 근거하면 "하나님은 악한 사람, 선한 사람이나 동일하게 비를 내리시고, 의인이나 죄인이나 모두에게 햇빛을 비춰주시기" 때문입니다.

왜 우리는 "원수를 사랑하고 박해하는 자들을 위해 기도해야" 하는지요? 그것은 상을 받는 일입니다. 나에게 잘해주는 사람만 사랑하는 일은 세리도 하고 이방인도 그렇게 한다고 말씀하시는 예수님이십니다. 예수님의 가르침을 다르게 표현한다면 세상 사람들과 다른 삶이 그리스도인에게 있다면 그것은 바로 원수까지도 사랑하고 박해하는 자들을 위해 기도하는 것입니다. 이렇게 하는 일은 바로 평화를 만드는 일과 같습니다. 하나님의 자녀라 일컫는 사람들은 "평화를 위해 일하는 사람들"마5:9이기 때문입니다.

왜 우리는 "원수를 사랑하고 박해하는 자들을 위해 기도해야"44절하는지요? 그것은 바로 "하늘에 계신 너희 아버지가 완전하신 것처럼 너희도 완전하도록 하기 위함입니다." 우리는 가끔 이렇게 생각합니다. '우리는 인간이기 때문에 완전할 수 없어.' 그렇습니다. 권능과 지혜에 있어서 우리는 완전할 수 없습니다. 그러나 다른 사람을 사랑하는 면에서는 우리는 완전해 질 수 있습니다. 하늘 아버지처럼 우리가 완전해 지는 길은 말없이 평화를 위해 십자가에서 죽음을 택하신 예수님처럼 원수까지 사랑하고 박해하는 자들을 위해 기도하는 일입니다. 이것이 그리스도인들이 예수님을 따르고자 한다면 살아야 할 목표입니다. 주님의 사랑은 한계를 뛰어넘는 것입니다. 주님을 따르는 우리도 주님처럼 우리의 한계를 뛰어넘어 원수를 사랑하고 박해하는 자를 위해 기도해야 합니다.

적용을 위한 기도

주님! 원수를 사랑하고, 박해하는 자를 위해 기도하며 살게 하소서. 예수님의 이름으로 기도합니다. 아멘

우선순위

너희는 먼저 하나님의 나라와 그의 의를 구하여라. 그리하면 이 모든 것을 너희에게 더하여 주실 것이다. 마태복음6:33

묵상을 위한 기도

　성삼위 하나님 아버지, 오늘도 감사와 찬양으로 하루를 시작하며 진리의 말씀을 묵상합니다. 성령을 부어 주셔서 당신의 뜻을 말씀을 통해 깨닫고, 순종하며, 이웃에게 실천하며 살게 하소서. 예수님의 이름으로 기도합니다. 아멘

본문묵상 본문을 여러 번 읽어 예수님의 마음을 느끼는 시간이 되도록 합시다.

마태복음 6:25~33

25.” 그러므로 내가 너희에게 말한다. 목숨을 부지하려고 무엇을 먹을까 또는 무엇을 마실까 걱정하지 말고, 몸을 보호하려고 무엇을 입을까 걱정하지 말아라. 목숨이 음식보다 소중하지 않으냐? 몸이 옷보다 소중하지 않으냐? 26. 공중의 새를 보아라. 씨를 뿌리지도 않고, 거두지도 않고, 곳간에 모아 들이지도 않으나, 너희의 하늘 아버지께서 그것들을 먹이신다. 너희는 새보다 귀하지 않으냐? 27. 너희 가운데서 누가, 걱정한다고 해서, 제 수명을 한순간인들 늘일 수 있느냐? 28. 어찌하여 너희는 옷 걱정을 하느냐? 들의 백합꽃이 어떻게 자라는가 살펴보아라. 수고도 하지 않고, 길쌈도 하지 않는다. 29. 그러나 내가 너희에게 말한다. 온갖 영화를 누린 솔로몬도 이 꽃 하나만큼 차려입지 못하였다. 30. 믿음이 적은 사람들아, 오늘 있다가 내일 아궁이에 들어갈 들풀도, 하나님께서 이와 같이 입히시거든, 하물며 너희들을 입히시지 않겠느냐? 31. 그러므로 무엇을 먹을까, 무엇을 마실까, 무엇을 입을까, 하고 걱정하지 말아라. 32. 이 모든 것은 이방 사람들이 구하는 것이요, 너희의 하늘 아버지께서는 이 모든 것이 너희에게 필요하다는 것을 아신다. 33. 너희는 먼저 하나님의 나라와 그의 의를 구하여라. 그리하면 이 모든 것을 너희에게 더하여 주실 것이다.

사람들에게 의식주는 중요합니다. 몸을 건강하게 유지하려면 정기적으로 영양을 공급해 주어야 합니다. 그러려면 먹어야 하며, 몸온도를 보호해 주고, 지켜주기 위해 옷을 입어야 합니다. 그뿐만 아니라 지친 몸이 쉬며 잠을 자기 위해 집이 필요합니다. 이러한 의식주의 문제를 해결하기 위해 사람들은 부단한 노력을 합니다. 그리고 열심히 일을 합니다. 인간의 삶에 없어서는 안 될 이러한 의식주에 대해 예수 그리스도를 믿고 구원 얻은 백성이 취해야 할 태도는 무엇인지, 그리고 천국 백성으로 어떻게 살아야 하는지에 대한 구체적 삶의 원리들에 대해 주님은 오늘 본문에서 말씀해 주고 계십니다.

먼저 먹는 것을 생각해 봅시다. 먹는 것은 무엇을 위해 먹습니까? 몸을 위해 먹습니다. 그런데 주님은 몸을 위하여 무엇을 먹을까 염려하지 말라고 하십니다. 먹을 것을 염려하다가 더 중요한 목숨을 상하게 된다는 이야기입니다. 생명 그 차체보다는 목숨에 소용되는 음식물에 집착하여 무엇을 먹을까를 염려하기 때문입니다. 영혼의 소중함을 먼저 생각하라는 말씀입니다. 입는 옷에 대한 것은 어떠합니까? 무엇을 입을까 생각하며 옷이 없다고 염려할 때 옷보다 몸이 더 중요한 것이 아니냐고 주님은 말씀하고 있습니다. 외모에 대한 신경보다 더 중요한 몸을 생각하라는 말씀이죠.

그런데 의식주를 사람이 생각하는 데 있어서 문제는 무엇입니까? 그것은 염려한다는 것입니다. 염려는 왜 생깁니까? 무엇이 중요한지 먼저 생각하지 못하고 있기 때문입니다. 무엇을 먹을까를 염려하기보다 중요한 것은 목숨입니다. 무엇을 입을까를 염려하는 것보다 중요한 것은 몸입니다. 주님은 왜 이렇게 말씀하고 계십니까? 목숨의 주인은 누구이며, 몸을 조성하신 이가 누구인지 생각해 보라는 것입니다. 목숨과 몸을 조성하신 이가 하나님이신데 우리에게 필요한 것을 공급해 주시지 않겠느냐는 것이 주님의 도전입니다.

염려하는 이유는 하나님을 바라보지 않기 때문입니다. 하나님을 바라보게 하려고 주님은 시각적인 교육매체를 사용하십니다. 공중을 나는 새와 들의 백합화입니다. 새는 무엇을 먹을까 염려도 하지 않습니다. 심지도 않고, 거두지도 않고, 창고에 쌓아 두지 않아도 하늘에 계신 하나님께서 먹이신다는 것입니다 (26절).

들에 핀 백합화가 어떻게 자라는 것을 보라, 수고도 않고, 옷감을 짜지도 않지만 아름답게 피지 않느냐는 것입니다.28절 누가 하시는 것입니까? 하나님께서 하신다는 것입니다. 하물며 너희일까 보냐?

염려를 버리려면 먼저 무엇이 중요한지 알아야 합니다. 그것은 우선 목숨입니다. 목숨을 생각하면 목숨의 주관자는 하나님이십니다. 그러기에 우리가 할 일은 목숨의 주관자이신 하나님께 맡기고 그분을 믿는 일입니다. 또한, 염려한다고 가능한 일이 생깁니까? 우리가 염려한다고 목숨을 연장하거나27절 키를 한자나 늘릴 수 있습니까? 없습니다. 목숨을 연장하시고 키를 자라게 하실 수 있는 분은 오직 하나님 한 분뿐이십니다. 믿음을 갖고 그분을 바라보는 일입니다.30절

우리가 알아야 할 것은 아버지 하나님이십니다. 우리의 삶의 필수적인 의식주를 생각할 때 먼저 생각할 것은 우리의 필요를 다 아시는 하나님을 생각하는 것입니다.32절 걱정은 이방 사람들이나 하는 것입니다. 하나님을 믿는 우리는 하나님께서 우리의 필요를 채워주실 분임을 믿는 일만 해야 합니다. 믿는다는 것은 무엇입니까? 그의 나라와 그의 의를 구하는 것입니다.33절 이것은 하나님의 구원의 통치와 예수님을 통해 시작된 주님의 나라에 대한 복음을 듣고 순종하며 그 복음을 전파하며 하나님의 영광을 위해 사는 것입니다.

하나님께서 공중 나는 새를 먹이시고 들의 백합화를 아름다운 꽃으로 입히시는 것처럼 하나님의 나라와 그의 의를 구하며 사는 자들을 돌보신다는 것입니다. 우리가 할 일은 염려하지 않고 하나님을 믿는 것입니다. 삶의 우선순위가 무엇인지 알고 하나님만 바라며 그의 나라와 의를 위해 사는 것입니다. 세상 사람들과는 다른 가치관으로 염려하지 않고 찬양하며 기쁘게 살 때 주님은 우리에게 있어야 모든 것을 아시고 채워주실 것입니다.

적용을 위한 기도

주님! 염려하지 말고 하나님의 나라와 의를 먼저 구하며 살 수 있도록 믿음을 더해 주소서 예수님의 이름으로 기도합니다. 아멘

아버지의 뜻대로 행하는 자

"나더러 '주님, 주님' 하는 사람이라고 해서 다 하늘나라에 들어가는 것이 아니다. 하늘에 계신 내 아버지의 뜻을 행하는 사람이라야 들어간다. 마태복음 7:21

묵상을 위한 기도

성삼위 하나님 아버지, 찬양과 감사로 오늘 하루를 시작합니다. 성령을 부어 주셔서 당신의 뜻을 깨닫고 순종하게 하소서. 하나님의 뜻을 따라 행하며 이웃에게 그 말씀대로 실천하게 하소서. 예수님의 이름으로 기도합니다. 아멘

본문묵상 본문을 여러 번 읽어 예수님의 마음을 느끼는 시간이 되도록 합시다.

마태복음 7:21~23

21. "나더러 '주님, 주님' 하는 사람이라고 해서 다 하늘나라에 들어가는 것이 아니다. 하늘에 계신 내 아버지의 뜻을 행하는 사람이라야 들어간다. 22. 그날에 많은 사람이 나에게 말하기를 '주님, 주님, 우리가 주님의 이름으로 예언을 하고, 주님의 이름으로 귀신을 내쫓고, 또 주님의 이름으로 많은 기적을 행하지 않았습니까?' 할 것이다. 23. 그때에 내가 그들에게 밝히 말할 것이다. '나는 너희를 도무지 알지 못한다. 불법을 행하는 자들아, 나에게서 물러가라.'"

우리의 인생은 야곱이 표현한 것처럼 본향인 천국을 향해 가는 나그넷길입니다.창47:9 이러한 나그넷길에서 우리가 행한 일이 마지막 날에는 낱낱이 드러나게 된다고 성경은 직접, 간접으로 많은 곳에서 말하고 있습니다.마24:31~46; 계2:2, 3:8, 15, 9:20 그리고 분명한 것은 현재의 삶이 천국인 하나님의 나라에 들어가는 것과 밀접하게 연결되어 있다는 것입니다.마6:20, 18:3, 19:23 오늘 본문도 예수님께서 하나님 나라에 들어가는 자가 누구인지 명백하게 말씀하고 계십니다. 하나님 나라에 들어가는 자는 "하늘에 계신 내 아버지의 뜻대로 행하는 사람"입니다.

오늘 본문에서 우리에게 도전을 주는 것은 많은 사람이 주님의 이름으로 행한

일에 대해 주님께서 알지 못한다고 말씀하시는 것입니다. "주님의 이름으로" 예언도 하고, 귀신도 내쫓고, 많은 기적을 행했는데 주님은 불법을 행하는 자들이라고 말씀하신다는 것입니다. 이 말씀은 오늘날 교회에 나가는 많은 사람에게 도전이 아닐 수 없습니다. 주님의 이름으로 행한 일이 어떻게 불법을 행하는 것이 되었을까요?

"나더러 주님, 주님,"이라고 하는 자에 대해 주님이 하시는 말씀은 다 천국에 들어가지 못한다는 것입니다. 주님이 보신 것은 그들의 입에 나오는 고백이 아니라 "하나님 아버지 뜻대로 행하는" 삶이었습니다. '주여, 주여' 하는 것은 단지 온 인격이 따르지 않는 입술로만의 열정을 의미할 뿐입니다. 이것은 고전12:3절의 말씀과 상반되는 것 같이 느껴질지 모릅니다. "성령으로 아니하고는 누구든지 예수를 주시라 할 수 없느니라." 그러나 우리가 주의 깊게 고전12장을 살펴보면 이러한 고백은 성령의 은사로 나타나는 그 사람의 삶과 연결되어 있다는 사실을 알게 됩니다. 삶이 없는 고백이 있을 수 없다는 것입니다. 예수님은 오늘 말씀에서도 "하늘에 계신 내 아버지의 뜻을 행하는 자"가 천국에 들어간다고 말씀하십니다. 하나님의 뜻을 행하는 자가 천국에 들어가는 자입니다. "주여, 주여" 하면서 완전히 몸에 배어 있는 습관적 종교행위는 천국을 들어가는데 아무 의미가 없습니다. 천국에 들어가는 자의 삶은 영과 육이 일치하는 온전한 순종의 삶이지 입술만의 '주여'라고 부르짖는 모조품 순종은 아니라는 것입니다.

그런데 오늘 본문이 우리에게 강하게 도전하는 것이 하나 더 있습니다. 천국에 들어가는 자는 입술만의 고백이 아니라 하나님 아버지의 뜻대로 행하는 자인데 그 행위에 대해서도 예수님이 지적하십니다. "주님의 이름으로 예언도 하고, 귀신을 내어 쫓고, 많은 권능을 행했"는 데도 주님은 그들을 모른다고 하신다는 것입니다. 주님의 이름으로 행하는 자였는데 문제가 된 것은 무엇일까요? "내가 너를 도무지 알지 못하느니라." 이것은 무엇을 의미합니까? 각종 종교적 행위는 주님의 이름으로 능력 있게 행할 수 있습니다. 예수님이 이 땅에서 하셨던 것처럼 병자도 고쳤고 각종 능력도 행할 수 있습니다. 그러나 문제는 그러한 일을 행하고도 예수님을 알지 못하는 자들입니다. 날마다 인격적으로 그분과 교제하며 함께 하는 삶이 아니었습니다. 자신의 열정과 의지로는 무엇인가를 했지만, 예수님과는 무관한 일이었습니다. 예수님의 이름을 빌려와서 능력은 행해 왔지만 정작 예수님께서 가르쳐 주신 말씀대로 순종하는 삶에는 관심이 없었습니다. 자신의 자만과 자랑을 목적 삼아 외형적으로 많은 이적을 예수님의 이름으로 행해서 신실한 자 같아 보였지만 예수님과는 상관이 없습니다.

보십시오. 이런 자들을 예수님이 무어라고 말씀하고 계십니까? "불법을 행하는 자들"이라고 말합니다. 권능과 예언을 하지만 예수님의 이름으로 평화와 질서를 위해 남을 사랑하고 섬기는 삶에는 관심이 없습니다. 본문 앞에는 예수님께서 이렇게 말씀하십니다. "양의 옷을 입고 너희에게 나아오나 속에는 노략질하는 이리들이다."마7:15 오늘날 우리가 사는 이 시대에 이 말씀은 어떻게 적용될 수 있을까요? 예수님의 이름으로 교회 건물은 그럴싸하게 짓습니다. 예수님의 이름으로 구제는 합니다. 예수님의 이름으로 정치를 합니다. 그러나 예수님의 삶과 말씀에는 관심이 없습니다. 왼손이 하는 일을 오른손이 모르게 하며 모든 이의 샬롬을 위한 평화의 노력은 없습니다. 대운하를 이야기하며 그것이 가져올 엄청난 자연의 파괴를 무시하는 내면의 이기적 목적으로 가득한 이리의 탈을 쓴 자들의 삶이라고 지적하면 너무 한 것일까요? 네, 예수님만 아시는 일이죠? 그런데 주님은 말씀하십니다. "그들의 열매로 그들을 알지니"마7:16

운동경기를 중계하는 해설자와 아나운서들은 실제 운동 경기에 출전하여 뛰지 않아도 마치 그 경기에서 뛰는 것처럼 말합니다. 축구를 몰라도 축구를 다 아는 것처럼 해설합니다. 야구를 못해도 최고의 투수와 타자가 된 것처럼 말합니다. 배구를 몰라도, 피겨 스케이트를 몰라도, 수영을 못해도, 탁구를 못 해도 해설자나 아나운서가 됩니다. 그러나 정작 마지막 시상식에 오르거나 땀을 흘리고 나서 기뻐하는 이들은 운동선수들입니다. 안타깝게도 지금은 그리스도인의 해설자들이 많으나, 정작 그리스도인으로 삶의 운동장에서 땀 흘리며 뛰는 사람들은 적습니다. 해설자가 필요한 것이 아니라 경기하는 선수가 필요한 세대입니다.

적용을 위한 기도

주님. 하나님의 뜻을 알고 순종하며 사는 진실한 주님의 자녀가 되게 하소서. 예수님의 이름으로 기도합니다. 아멘

의심하는 사람

예수께서 곧 손을 내밀어서, 그를 붙잡고 "믿음이 적은 사람아, 왜 의심하였느냐?" 하셨다.
마14:31

묵상을 위한 기도

성삼위 아버지 하나님. 감사와 찬양으로 하루를 시작합니다. 당신의 진리의 말씀을 깨닫고 순종하며 삶에서 이웃에게 실천할 수 있도록 성령의 힘을 부어 주소서. 예수님의 이름으로 기도합니다. 아멘

본문묵상 본문을 여러 번 읽어 예수님의 마음을 느끼는 시간이 되도록 합시다.

마태복음 14:22~33

22. 예수께서는 곧 제자들을 재촉하여 배에 태워, 자기보다 먼저 건너편으로 가게 하시고, 그동안에 무리를 헤쳐 보내셨다. 23. 무리를 헤쳐 보내신 뒤에, 예수께서는 따로 기도하시려고 산에 올라가셨다. 날이 이미 저물었을 때에, 예수께서는 홀로 거기에 계셨다. 24. 제자들이 탄 배는, 그 사이에 이미 육지에서 멀리 떨어져 있었는데, 풍랑에 몹시 시달리고 있었다. 바람이 거슬러서 불어왔기 때문이다. 25. 이른 새벽에 예수께서 바다 위를 걸어서 제자들에게로 가셨다.

26. 제자들이, 예수께서 바다 위로 걸어오시는 것을 보고, 겁에 질려서 "유령이다!" 하였다. 그들은 무서워서 소리를 질렀다. 27. 예수께서 곧 그들에게 말씀하시기를 "안심하여라. 나다. 두려워하지 말아라" 하셨다. 28. 베드로가 예수께 대답하여 말하기를 "주님, 주님이시면, 나더러 물 위로 걸어서, 주님께로 오라고 명령하십시오" 하니, 29. 예수께서 "오너라" 하셨다. 베드로는 배에서 내려 물 위로 걸어서, 예수께로 갔다. 30. 그러나 베드로는 거센 바람이 불어오는 것을 보자, 무서움에 사로잡혀서, 물에 빠져 들어가게 되었다. 그 때에 그는 "주님, 살려 주십시오" 하고 외쳤다. 31. 예수께서 곧 손을 내밀어서, 그를 붙잡고 "믿음이 적은 사람아, 왜 의심하였느냐?" 하셨다. 32. 그리고 그들이 함께 배에 오르니, 바람이 그쳤다. 33. 배 안에 있던 사람들은 그에게 무릎을 꿇어서 경배드리고 "선생님은

참으로 하나님의 아들이십니다" 하였다.

놀이터의 미끄럼틀 위에서 아이의 놀이를 지켜보고 있던 아빠를 향해 한 아이가 소리칩니다. "아빠, 나 여기서 뛰어내릴 테니까 아빠가 받아요?" 아빠가 준비되지도 않은 것 같은데 아이는 뛰어내립니다. 순간 아빠는 온 힘을 다 해 양팔을 뻗어 아이를 안전하게 안았습니다. 아빠의 순간적 당황함을 아는지 모르는지 아이는 아빠 품에서 좋다고 하며 큰 웃음을 짓습니다.

믿음은 바로 이 아이처럼 미끄럼틀에서 아빠가 자기를 안아줄 것을 온몸의 감각으로 느끼고 뛰어내리는 행위입니다. 아이가 '아빠가 와서 안아 줄 거야' 라고 그냥 머물러 있거나, 혹은 '그래, 아빠가 그동안 나한테 해 준 것을 보면 분명히 안아 줄 거야', 또는 '아니야, 아닐지도 몰라' 라고 고민만 하고 있었다면 그것은 믿음의 행위가 아닙니다. 믿음은 온몸으로 상대방에게 반응하는 절대적 표현이라고 말할 수 있습니다. 미끄럼틀에서 뛰어내리기 전에 아래를 내려다보며 두려워하는 것이 아니라 자신을 받아줄 아빠를 바라보는 것처럼 믿음은 환경과 여건을 보는 것이 아니라 바로 그 믿음의 대상만을 바라보고 행동으로 옮기는 것입니다.

오늘 본문은 예수께서 제자들을 배에 태워 먼저 보내시고 홀로 기도하시다가 날이 저물어 그들을 향해 물 위로 걸어가시는 장면입니다. 예수님 없이 홀로 배를 저어가던 제자들을 향해 거친 풍랑과 물결이 닥쳐왔습니다. 그 거친 풍랑 사이를 걸어오시는 예수님을 보았던 제자들은 유령이라고 두려워합니다. 주님이 말씀하십니다. "나다. 두려워 말아라." 순간 베드로가 말합니다. "주님이시면 제가 물 위로 걸어가도록 명령하십시오." 주님이 말씀하십니다. "그래 오너라." 주님의 말씀을 듣고 몇 발짝을 물 위에 뛰어 놓던 베드로는 거센 바람과 함께 일어나는 물결로 정신이 팔렸습니다. 두렵고 무서워졌습니다. 결국은 그는 물속에 빠져들어 갔습니다. "주님 살려 주십시오" 물속에 빠져가는 베드로에게 손을 내밀면서 주님이 말씀하십니다. "믿음이 적은 자여 왜 의심하느냐?"

주님은 늘 우리와 함께 계시면서 우리를 도와주십니다. 그분은 거친 폭풍우 같은 우리의 인생 여정 속에서 주님을 향해 믿음의 걸음을 떼어 놓기를 원하십니다. 이러한 믿음의 여정에서 우리가 바라보아야 할 대상은 바로 예수님이십니다. 주님을 바라보고 물속으로 거침없이 한발을 내디딘 베드로처럼 용기 있게 주님을 향해 믿음의 발걸음을 떼어 놓아야 합니다. 우리는 주위에 몰려오는 폭풍을 바라볼 것이 아니라 바로 주님만 바라보고 걸어나가야 합니다.

제자들을 홀로 남겨 두시지 않고 이른 새벽에 찾아와 주시는 주님이 계십니다. 폭풍이 일어나는 어려운 삶의 현장에 오늘도 주님은 찾아와 주십니다. 우리의 삶의 고통을 아시고 도와주시기 위해서입니다. 당신은 현재 당면한 폭풍우 속에 빠져들고 있지는 않고 있습니까? 지금이 주님을 바라볼 때입니다. 믿음이 필요한 때입니다. 그 폭풍우 속에서 "주님 살려 주십시오"라고 외쳐 보십시오. 손을 내미시며 주님이 말씀하십니다. "믿음이 적은 자야"

적용을 위한 기도

주님! 믿음의 여정 가운데 주님만 바라볼 수 있는 눈을 주십시오. 예수님의 이름으로 기도합니다. 아멘

최고의 고백

예수께서 그들에게 물으셨다. "그러면, 너희는 나를 누구라고 하느냐?" 베드로가 대답하였다. "선생님은 그리스도이십니다." 마가복음 8:29

묵상을 위한 기도

하나님 아버지! 주님께서 우리 죄를 씻어 주시려고 그리고 이 땅의 평화를 위해 담당하신 십자가의 고난을 깊이 생각하는 시간이 되기를 원합니다. 주님의 말씀에 깊이 우리의 영과 혼이 반응하며 주님의 발자취를 따라 주님의 마음과 고통을 경험하는 시간이 되며 주님의 사랑에 우리의 삶이 반응하며 감사하는 시간이 되게 하여 주소서. 당신의 성령을 우리에게 부어 주소서. 예수님의 이름으로 기도합니다. 아멘

본문묵상 본문을 여러 번 읽어 예수님의 마음을 느끼는 시간이 되도록 합시다.

마가복음 8:27~30

27. 예수께서 제자들과 함께 빌립보의 가이사랴에 있는 여러 마을로 길을 나서셨는데, 도중에 제자들에게 물으시기를 "사람들이 나를 누구라고 하느냐?" 하셨다. 28. 제자들이 예수께 대답하였다. "세례자 요한이라고 합니다. 엘리야라고 하는 사람들도 있고, 또 예언자 가운데 한 분이라고 하는 사람들도 있습니다." 29. 예수께서 그들에게 물으셨다. "그러면, 너희는 나를 누구라고 하느냐?" 베드로가 대답하였다. "선생님은 그리스도이십니다." 30. 예수께서 그들에게 엄중히 경고하시기를, 자기에 관하여 아무에게도 말하지 말라고 하셨다.

사람들에게 가장 큰 은혜 중의 하나는 자신이 언제 죽음을 맞이할지 모른다는 사실입니다. 죽음을 맞이함 없이 영원히 살아갈 것처럼 우리는 자주 죽음을 망각하고 살지만 사실은 한순간 한순간이 죽음을 향해 나아가는 것이라 해도 그렇게 지나친 말은 아닐 것입니다. 그러나 성경은 이렇게 말하고 있습니다. "한번 죽는 것은 사람에게 정해진 것이요 그 후에는 심판이 있으리니…"히

오늘 본문에서 예수님께서 제자들에게 "사람들이 당신을 누구라고 하느냐"라고 질문을 하고 계십니다. 3년 동안 제자들을 통해 하나님의 뜻과 하나님 나라에 대해 말씀하신 예수님께서 이제 제자들에게 사람들이 당신을 누구라고 하느냐고 물어보십니다. 죄인의 친구이셨으며, 병자들과 가난한 자 그리고 불쌍한 자들을 돌아보신 주님께서 사람들이 당신에 대해 말하는 것을 분명히 알고 계셨을 것입니다. 성경은 예수님께서 사람들의 생각을 아셨다고 말하고 있습니다.요2:24~25 그런데 예수님께서 왜 제자들에게 사람들이 당신에 대해 누구라고 하느냐고 묻는 이유는 무엇일까요? 그것은 이제 예수님께서 자신의 때가 가까이 왔음을 아셨기 때문입니다. 이제 십자가에서 못 박혀 죽으시고 장사지낸 바 되었다가 사흘 만에 무덤에서 부활하실 것을 아신 주님께서 십자가를 지고 죽음을 맞이하실 때가 되었다는 것입니다. 이러한 사실을 모르는 사람들은 예수님을 구약의 선지자 엘리야 혹은 요한 그리고 선지자 중의 한 사람이라고 말하고 있었습니다. 예수님은 제자들을 향해 똑같은 질문을 하십니다. "그럼 너희는 나를 누구라고 생각하느냐?" 베드로는 "주는 그리스도시요 살아계신 하나님의 아들이십니다"마16:16라고 대답하였습니다. 예수님께서는 "아무에게도 이것을 말하지 말라" 라고 명하셨습니다.

"살아계신 하나님의 아들" 이것은 예수님께서 태어나실 때 천사들이 마리아에게 들려주었던 말씀입니다. 누가복음 1장 32절에 이렇게 기록합니다. "그가 큰 자가 되고 지극히 높으신 이의 아들이라 일컬을 것이요." 또한 예수님께서 세례 요한으로부터 세례를 받으시고 나서 천사들로부터 들려온 말씀이 바로 이 말씀입니다.마3:17, 막1:11, 눅3:22 이제 천사들로부터 들려졌던 예수님의 존재가 제자들에게서서 확인되고 있는 순간입니다.

"주는 그리스도시요 살아계신 하나님의 아들이십니다." 이 고백은 이제 예수님께서 서서히 십자가를 향해 나아가시는 출발점이 되고 있습니다. 하나님의 아들이 우리의 죄를 위해 십자가를 지시겠다는 증표입니다. 죽음을 아신 주님이십니다. 어떻게 죽게 되실지도 아신 주님이십니다. 가혹한 십자가에서 죽음을 맞이하실 것도 아신 주님이십니다. 몸이 상하고 채찍에 맞으실 것을 아신 주님이시지만 이제 그 길을 가시려고 제자들을 준비시키십니다. 그래 너희는 나를 누구라 하느냐? 내가 십자가에 못 박힐 때 나를 보며 너희는 실망하지 마라. 나는 그리스도요 살아계신 하나님의 아들이다. 죽음 앞에서 제자들을 준비시키시는 예수님의 깊은 사랑의 마음은 오늘 그분을 믿고 따르는 우리 그리스도인들에게 감동과 힘을 공급해 줍니다. 사순절 기간 그분의 돌보심과 사랑에 깊이 빠져 보십시오. 그분이 주시는 바다 같은 사랑 속에서 세상을 어우르신 평화가 느껴질 것입니다.

적용을 위한 기도

주님 당신은 그리스도시요 살아계신 하나님의 아들이십니다. 주님, 제 삶 속에서 주님의 돌보시고, 품으시며 나를 안으시는 따뜻한 손길을 경험하게 하십시오. 제가 또한 이러한 주님의 따스한 사랑의 손길을 다른 사람에게 베푸는 삶이 되도록 힘을 공급해 주십시오. 예수님의 이름으로 기도합니다. 아멘.

나를 따르라

그때에 예수께서는 제자들에게 말씀하셨다. "누구든지 나를 따라오려거든, 자기를 부인하고 제 십자가를 지고 나를 따라오라. 마태복음 16:24

묵상을 위한 기도

긍휼이 풍성하신 하나님 아버지 감사합니다. 당신의 아들 예수 그리스도의 순종으로 저희가 구원과 평화를 얻었습니다. 예수님을 따르는 삶을 살도록 오늘도 주님의 말씀을 깊이 깨닫게 하시옵소서. 그리고 충만히 내리시는 성령의 역사를 통해 삶 가운데서 그 말씀대로 따라 살아갈 힘과 능력을 허락해 주십시오. 예수님의 이름으로 기도합니다. 아멘

본문묵상 본문을 여러 번 읽어 예수님의 마음을 느끼는 시간이 되도록 합시다.

마태복음 16:24~28

24. 그때에 예수께서는 제자들에게 말씀하셨다. "누구든지 나를 따라오려거든, 자기를 부인하고 제 십자가를 지고 나를 따라오라. 25. 누구든지 제 목숨을 구하고자 하는 사람은 잃을 것이요, 누구든지 나를 위하여 제 목숨을 잃는 사람은 찾을 것이다. 26. 사람이 온 세상을 얻고도 제 목숨을 잃으면, 무슨 이득이 있겠느냐? 또, 사람이 제 목숨을 되찾는 대가로 무엇을 내놓겠느냐? 27. 인자가 자기 아버지의 영광에 싸여, 자기 천사들을 거느리고 올 터인데, 그때에 그는 각 사람에게 그 행실대로 갚아 줄 것이다. 28. 내가 진정으로 너희에게 말한다. 여기에 서 있는 사람들 가운데 죽음을 맛보지 않고 살아서, 인자가 자기 왕권을 차지하고 오는 것을 볼 사람들도 있다."

"주는 그리스도시요 살아계신 아들입니다." 제자들의 고백이 있고 나서 예수님은 이제 때가 되었다고 생각하셨습니다. "예수님께서 예루살렘에 올라가 장로들과 대제사장들과 서기관들에게 많은 고난을 받고 죽임을 당하고 제 삼일에 살아나야 할 것을 제자들에게 비로소 나타내셨다"고 성경은

말하고 있습니다.마16:21; 막8:31; 눅9:22 예수님께서는 그동안 마음에 품고 말 못했던 당신의 죽음에 대해 말씀하셨습니다. 한번 생각해 보십시오. 그동안 아무에게도 당신의 그 아픈 마음을 말하지 못하고 간직하고 사셨을 주님을. 그리고 이제나 저제나 제자들의 성장을 지켜보시며 기다리셨던 주님의 심정을 말입니다.

시한부 인생을 사시면서도 아무에게도 말하지 못하신 예수님이십니다. 우리 인간은 몹쓸 병에 걸려 몇 개월밖에 살 수 없다는 사형 선고를 받으면 어떨까요? 살길을 찾아 헤매거나 아예 삶을 포기하고 말지 않을까요? 우리 주님은 그렇지 않으셨습니다. 묵묵히 지금까지 그분이 가셔야만 했던 길을 가고 계신 분이셨습니다. 당신이 지금 서울을 향해 가고 있는데 서울에 가면 당신을 죽일 사람들이 기다리고 있다고 생각해 보십시오. 안가면 되지 않습니까? 그러나 우리 주님은 그 길을 묵묵히 가신 분이십니다. 왜 그러셨을까요? 분명히 예수님은 당신이 어떻게 돌아가실 것을 아셨습니다. 많은 고난과 핍박을 받고 십자가에 못 박혀 돌아가실 것을 아셨습니다. 그러나 그 길에서 돌아서지 않으셨습니다.

예수님의 삶에서 바로 제자의 삶이 나타나고 있습니다. "자기를 부인하고 제 십자가를 지고 따르라." 예수님은 십자가에서 돌아가시려고 예수님 자신을 부인하셨습니다. 하나님의 본체이시나 하나님과 동등 됨을 취하지 않으셨습니다.빌2:6 그리고 세상 죄를 지고 십자가에서 죽으셔야 하는 당신의 십자가를 지고 가신 분이십니다. 예수님은 하나님의 일을 생각하였습니다.마16:23 사람의 일을 생각지 아니하고 하나님께 순종하는 것에 관심이 있었습니다. 바로 이것이 주님을 따르는 자의 삶입니다.

예수님께서 제자들에게 나를 따라오려거든 자기를 부인하고 자기 십자가를 지고 나를 따르라고 말씀하셨을 때 어떤 마음이 드셨을까요? 십자가에서 죽으시는 예수님의 모습을 보게 될 제자들을 생각하시면서 그들이 지어야 할 십자가를 생각하셨을 것입니다. 예수님의 이름 때문에 받게 될 핍박 말입니다. 그러면서 예수님께서 베드로를 넌지시 보셨을 것입니다. 아무 힘없이 끌려가시는 예수님을 보면서 두려움 속에서 예수님을 세 번씩이나 부인하게 될 베드로를 보시며 이렇게 힘주어 예수님은 말씀하십니다. "누구든지 제 목숨을 구원코자 하면 잃을 것이요 누구든지 나를 위하여 제 목숨을 잃으면 찾으리라." 예수님은 자기 목숨을 구원하기 위해서 애쓰지 않으셨습니다. 하나님의 뜻을 위해 자기를 비우고 순종하며 나아갔습니다. 목숨을 잃은 것 같으나 사흘 만에 무덤에서 부활하시는 영광을 얻으셨습니다.

사순절 기간에 예수님의 삶과 자취를 따라가며 그분의 마음을 느껴보는 시간을 가져보는 것은 참으로 귀합니다. 왜냐하면, 자기 목숨을 잃어 버리면서 하나님 말씀에 순종하셨던 예수님의 마음을 경험하면 우리도 주님처럼 자기를 부인하고 우리 십자가를 지고 그분을 따르는 제자가 될 수 있을 것이라는 믿음 때문입니다. 자기를 부인하고 자기 십자가를 지면서 예수님의 마음을 느껴 보시길 바랍니다. 자기를 부인하는 마음은 바로 앞에 놓여 있는 십자가를 보면서도 의지를 동원하여 그 십자가를 지고 가신 예수님의 마음과 같은 것입니다. 자기 십자가를 지는 것은 앞에 놓여 있는 십자가를 외면하지 않고 순종하면서 그 십자가의 고초를 당하는 것입니다. 예수님에게 있어서 십자가를 지는 것은 모든 것을 포기하고 십자가의 고초를 당하시는 것이었습니다. 시기와 멸시를 당하면서도 당신의 지셔야 할 십자가를 꼭 붙잡고 가신 예수님이십니다. 어떤 마음이셨을까요. 힘드셨을 것입니다. 담담하셨을 것입니다. 그러나 이 일에 세상 사람들의 생명이 달렸다는 것을 아셨을 것입니다. 그래서 털 깎임을 당하는 양처럼 나아 가셨을 것입니다. 참으로 감사가 저절로 나옵니다. 주님. 감사합니다.

적용을 위한 기도

하나님 아버지! 예수님께서 자신을 부인하고 십자가를 묵묵히 지신 것을 생각하니 마음이 고통스럽습니다. 제 죄악 때문에 그렇게 고초를 당하시고 십자가를 지셨기 때문입니다. 그러나 예수님께서 지신 십자가 때문에 저는 생명을 얻었습니다. 참으로 감사합니다. 저도 저 자신을 부인하고 당신의 말씀 앞에 순종하며 십자가의 삶을 질 수 있도록 성령을 부어 주셔서 용기 있게 평화를 만드는 사람으로 살아갈 수 있도록 도와주십시오. 예수님의 이름으로 기도합니다. 아멘.

너희는 그의 말을 들어라.

그런데 구름이 일어나서, 그들을 뒤덮었다. 그리고 구름 속에서 소리가 났다. "이는 내 사랑하는 아들이다. 너희는 그의 말을 들어라." 마가복음 9:7

묵상을 위한 기도

사랑의 성삼위 아버지 하나님! 오늘도 찬양과 감사함으로 주님 앞에 나아갑니다. 말씀 가운데 역사 하셔서 주님의 고난을 깊이 깨닫고 그 은혜와 사랑에 감사하는 삶을 살아가도록 힘주옵소서. 사순절 기간에 예수님의 발자취를 따라 말씀을 묵상하는 동안 예수님의 마음을 깊이 경험하는 소중한 시간이 되어서 저의 영적 성숙과 하나님 나라에 대한 소망이 커가는 시간이 되게 하옵소서. 주의 말씀에 귀를 기울이나이다. 말씀하옵소서. 예수님의 이름으로 기도합니다. 아멘

본문묵상 본문을 여러 번 읽어 예수님의 마음을 느끼는 시간이 되도록 합시다.

마가복음 9:7~10

7. 그런데 구름이 일어나서, 그들을 뒤덮었다. 그리고 구름 속에서 소리가 났다. "이는 내 사랑하는 아들이다. 너희는 그의 말을 들어라." 8. 그들이 바로 둘러보았으나, 아무도 없었고, 예수만 그들과 함께 계셨다. 9. 그들이 산에서 내려올 때에, 예수께서는 그들에게 명하시어, 인자가 죽은 사람들 가운데서 살아날 때까지는, 본 것을 아무에게도 이야기하지 말라고 하셨다. 10. 그들은 이 말씀을 간직하고, 죽은 사람들 가운데서 살아난다는 것이 무슨 뜻인가를 서로 물었다.

얼마 되지 않으면 곧 일어나게 될 십자가의 죽음을 앞둔 예수님에게 커다란 걱정이 하나 있었습니다. 그것은 바로 제자들이었습니다. 가끔은 당신이 가르치신 말씀과 베푸신 기적들을 보며 주는 그리스도시요 살아계신 하나님의 아들이라고 말을 하지만 여전히 예수님을 깊이 깨닫지 못하는 제자들이 늘 마음에 걸렸습니다. 하지만, 십자가는 피할 수 없는 길이며 이제 십자가에서 처형되는 당신의 모습을 보고 제자들이 힘을 잃고 흩어지지나 않을까 염려하셨습니

다. 그래서 예수님께서 그의 신성을 보여 주시기로 하셨습니다. 그래서 하루는 제자 셋을 데리고 특별한 산행을 시작하셨습니다. 그리고 그 산행에서 예수님은 모세와 엘리아와 함께 이야기하는 모습을 제자들에게 보여 주셨습니다. 당신이 어떤 분이신지 제자들에게 깊이 깨닫게 해 주기 위해서였습니다. 그분은 구약의 율법을 대표하는 모세와 선지자의 대표자 엘리야와 함께 이야기를 나누시는 분이셨습니다. 제자들에게 커다란 위안과 용기를 주는 귀중한 모습이었습니다.

이 변화 산에서 제자들에게 분명하게 들려진 음성이 있었습니다. 그것은 모세도 아니요 엘리야도 아닌 바로 예수님의 말씀을 들으라는 것이었습니다. 너희 가운데 있는 이 예수는 바로 "내가 사랑하는 자다 너희는 그의 말을 들으라"는 것이었습니다. 제자들이 해야 할 한 가지 일은 바로 예수님의 말씀을 따르는 것이었습니다. 그런데 그 예수님의 말씀은 다른 것이 아니라 "죽은 자 가운데서 살아날 때까지 본 것을 아무에게도 이르지 말라"는 것이었습니다. 오늘 본문 앞 8장에서 예수님께서 수난을 받고 죽으실 것을 말하니까 제자들이 풀이 죽어 있음을 알고 이제 이렇게 이야기합니다. 너희가 본 이 일은 숨겨 두라. 언제까지 숨겨두어야 하는가? 내가 다시 부활할 때까지이다. 부활한다는 것입니다. 이것은 참으로 귀한 것입니다. 죽은 줄 알았던 모세와 엘리야를 제자들이 보았습니다. 그것은 무엇입니까? 부활의 모습을 모형으로 보여준 것입니다. 예수님께서 살아나실 것을 간접적으로 보여주신 것입니다. 그런데 보십시오. 우둔한 제자들은 아직 깨닫지 못합니다. 그래서 이렇게 이야기합니다. "죽은 자 가운데서 살아나는 것이 무엇일까?"

예수님의 마음이 얼마나 답답하셨을까요? 보여주어도 깨닫지 못하고 죽은 자 가운데서 살아나는 것이 무엇일까? 라고 생각하는 제자들을 향해 주님은 어떤 마음을 품으셨을까요? 끝없이 참으시며 제자들을 가르치시는 예수님의 모습이 오늘 우리 마음을 진하게 감동합니다. 이렇게 제자 몇을 데리고 산에서 내려오시니 산 밑에서는 어떤 일이 벌어졌습니까? 귀신 들린 아이를 고치지 못하고 쩔쩔매는 제자들의 모습입니다. 막9:17~18) 이 모습을 보신 예수님의 마음이 무너집니다. 제

자들의 믿음 없음 때문입니다. 그래서 이렇게 예수님은 이야기하십니다. "내가
얼마나 너희와 함께 있으며 얼마나 너희에게 참으리요 "막9:19

　사순절 기간에 믿음이 없는 우리의 모습을 보고 답답해하실 주님의 마음을 느
껴 봅니다. 믿음이 없으며 하나님을 기쁘시게 할 수 없기에 더욱 가슴 아파하실
것입니다.히11:6 오직 하나님의 말씀을 믿고 그 말씀 앞에 순종하셨던 예수님이셨
습니다. "이 잔을 내 뜻대로 마옵시고 아버지 뜻대로 하옵소서!"라고 겟세마네 동
산에서 기도하실 때 주님의 마음은 아버지 하나님께서 행하실 것에 대한 믿음이
었습니다. 죽음의 잔을 마실지라도 말씀에 이르신 것처럼 사흘 만에 부활하게 될
것을 믿고 순종하였습니다. 이것이 사순절 기간에 우리가 느끼는 예수님의 순종
사역입니다. 그리고 그분의 순종은 믿음에서 시작되었습니다. 하나님 아버지를
기쁘시게 하는 믿음입니다.

　"내 사랑하는 아들이다. 너희는 그의 말을 들으라." 사순절 기간에 주님의 말씀
을 들어 봅시다. 그분께서 하시는 말씀 앞에 우리의 의지와 뜻이 기쁘게 반응하는
시간이 되길 소망합니다. 바로 우리 주님께서 하나님 아버지 앞에 순종하며 믿음
으로 나아갔던 것처럼 우리도 예수님의 말씀을 듣고 순종하며 나아가는 시간이
됩시다. 그리하여 하나님께서 베푸시는 넉넉히 흘러넘치는 평화의 강물을 마셔
봅시다. 그 배에서 흘러넘치는 생수로 말미암아 우리의 마른 뼈가 살이 나고, 병
든 마음이 고쳐지며, 상한 심령이 회복되는 은혜를 함께 맛봅시다. "너희는 그의
말을 들어라…"

적용을 위한 기도

　주님, 우리로 당신의 말씀을 들을 수 있는 마음과 귀를 허락해 주십시오. 예수
님의 이름으로 기도합니다. 아멘

제자들이 매우 근심하더라.

"사람들은 그를 죽일 것이다. 그러나 그는 사흘째 되는 날에 살아날 것이다." 그렇게 말씀하시니, 그들은 몹시 슬퍼하였다. 마태복음 17:22~23

묵상을 위한 기도

　평화의 성삼위 하나님! 오늘도 당신의 말씀 속에서 주님께서 십자가를 지시는 고난의 길을 걸으시면서 품으셨던 마음을 깊이 경험하도록 허락하여 주십시오. 우리의 마음과 귀를 열어 주시옵소서. 예수님의 이름으로 기도합니다. 아멘

본문묵상 본문을 여러 번 읽어 예수님의 마음을 느끼는 시간이 되도록 합시다.

마태복음 17:22~23

22. 제자들이 갈릴리에 모여 있을 때에, 예수께서 그들에게 말씀하셨다. "인자가 곧 사람들의 손에 넘어갈 것이고 23. 사람들은 그를 죽일 것이다. 그러나 그는 사흘째 되는 날에 살아날 것이다." 그렇게 말씀하시니, 그들은 몹시 슬퍼하였다.

제자들을 처음 불렀던 장소인 갈릴리호수가 있는 갈릴리에 예수님께서 제자들과 함께 모여 있습니다. 여전히 갈릴리 호수는 맑고 푸르며 사람의 마음을 평안하게 해 줍니다. 가끔은 폭풍우가 몰아쳐서 뱃사람들을 위험에 처하게 하는 갈릴리 호수이지만 오늘은 맑은 물살이 아름답습니다. 많은 사람의 삶을 가능케 한 호수입니다. 그런 갈릴리 호수가 있는 갈릴리에 제자들이 예수님과 함께 모여 있습니다. 왠지 예수님은 다른 때와는 조금 다르십니다. 뭔가 진지하시면서 비장한 마음을 가지신 것 같습니다. 그리고 오늘은 예수님께서 특별히 베드로, 야고보, 요한을 한참 쳐다보십니다. 그리고 저들을 처음 만났던 장소이기에 그들이 예수님을 처음 만났을 때 무엇을 하고 있었는지 회상합니다. 그리고 그들이 예수님을 어떻게 따라왔는지 깊이 생각에 잠겨 계십니다. 시간이 참으로 빨리도 지나갔습니다. 어제 같은데 벌써 3년이란 세월이 흘렀습니다. 이제는 저들의 표정을 봐도 저들의 말투만 들어도 그들의 심정이 어떠한지 다 아시는 주님이십니다.

그런 이 갈릴리 호수에서 주님은 다시 비장한 이야기를 하기 시작하십니다. "인자가 장차 사람들의 손에 넘겨져 죽임을 당하고 제 삼일에 살아나리라."

　이 말씀을 들은 제자들이 근심에 싸였습니다. 왜 주님은 자꾸 죽는다고 말씀하시는가? 아직도 이 나라를 위해 할 일이 많으신데. 로마로부터 이스라엘을 구원해 내시고 큰 기적과 능력으로 로마인들을 물리치실 때가 되었다고 하시지는 않고 돌아가시겠다고 하시니 답답하고 이해가 가지 않습니다. 지금까지 예수님을 따라다닌 것이 헛된 것이었나 싶어 마음이 다 허탈해 집니다. 도대체 왜 저러시나. 겁쟁이이신가? 그리스도시요 살아계신 하나님의 아들이신데 왜 자꾸 죽는 이야기만 하실까? 지금까지 하셨던 것처럼 물 위를 걸으시고마14:22~33, 떡 다섯 개와 물고기 두 마리로 오천 명을 먹이시며 마14:13~21 수많은 병자를 고치시고 치유하신 능력은 다 어디로 갔다는 말인가? 우리가 그동안 보아왔던 예수님은 무엇이란 말인가? 다 환상이란 말인가? 처음도 아니고 두 번째 인자가 죽임을 당할 것이고 제 삼일에 다시 부활하리라는 말을 들은 제자들은 이제 문제가 심각하다는 생각이 들었습니다. 그리고 그들은 깊은 고민에 빠져 근심하기 시작합니다.23절 후반절

　갈릴리는 예수님께서 부활하시고 나서 제자들을 만나본 장소입니다.마28:7.10 부활 후 다시 만날 장소에서 주님은 제자들에게 "인자가 장차 사람들의 손에 넘겨져 죽임을 당하고 제 삼일에 살아나리라"라고 말씀하고 계신 것입니다. 얼마나 마음이 무너지고 아프셨을까요? 죽음을 앞둔 예수님은 다른 것들보다도 제자들이 염려되었습니다. 예수님 당신께서는 죽음의 잔을 참고 견디면 그 후에 영광스런 부활이 있음을 믿고 기뻐하지만 믿음이 없는 제자마17:17, 20들을 보면서 저들이 당할 깊은 상처를 생각하니 마음이 아파졌습니다. 그래서 주님은 이 갈릴리에서 다시 한 번 제자들에게 말씀하십니다. 인자가 죽임을 당하고 삼 일 만에 부활하리라. 섬세하시며, 면밀하게 제자들의 미래를 염려하시고 준비시키시는 주님을 보게 됩니다. 그들을 고아와 같이 혼자 두시지 않고 다시 너희에게 오겠다고 약속하십니다.요14:18 그리고 그 약속은 부활 후 다시 찾은 예수님의 모습에서 성취되었습니다.마28:10,16 주님의 돌보시며 함께 하심은 여기서 끝나지 않습니다. 세상 끝날까지 너희와 함께 있으리라고 말씀하십니다.마28:20

매우 근심하는 제자들입니다. 아직은 부활을 보지 못했기 때문에 근심합니다. 죽음은 자주 보았습니다. 모든 사람이 죽습니다. 그것은 사실이기에 믿음이 필요하지 않습니다. 정한 이치에 대해 제자들은 다 압니다. 오늘 해가 지고 내일 다시 해가 뜨는 것을 어떤 믿음의 행위 없이 받아들이는 것처럼 말입니다. 그러나 엄밀히 말하자면 이러한 자연의 법칙 속에도 믿음이 작용하는 것이지만 말입니다. 그런데 정작 제자들의 마음이 담겨 있어야 할 곳에 그들은 크게 관심이 없습니다. 그것은 주님이 돌아가시고 삼 일 만에 부활하리라는 것입니다. 예수님의 능력과 그분의 말씀을 믿고 따라가는 삶이라면 그 말씀은 전부를 포함하는 것입니다. 죽는다는 말씀 때문에 근심에 싸였다면 삼 일 만에 부활하신다는 말씀 때문에 소망이 있어야 합니다. 여기 우리 그리스도인의 삶의 생명과 소망이 있습니다. 죽은 것 같으나 다시 사는 부활의 소망이 있습니다. 죽음 때문에 슬퍼하지만, 그 후에 영원한 부활이 있기에 절망하지 않습니다.

십자가의 죽음 앞에 놓이신 예수님의 염려와 걱정은 제자들이었습니다. 제자들이 당할 상처와 아픔 때문에 괴로워하시는 주님이십니다. 사망의 그늘이 예수님 앞에 몰려오지만, 그 사망은 부활 영광 앞에서는 가려지게 될 것입니다. 예수님께서 찾으시는 것은 믿음입니다. 그분의 말씀을 온전히 믿는 믿음입니다. 예수님은 오늘도 말씀하십니다. "내가 능히 이 일 할 줄을 믿느냐…? 너희 믿음대로 되라"마9:28~29 믿음은 모든 것을 가능케 합니다. "할 수 있거든 이 무슨 말이냐 믿는 자에게는 능히 하지 못할 일이 없느니라."막9:23

적용을 위한 기도

주님 오늘도 많은 일에 근심합니다. 그러나 주님의 말씀을 의지합니다. "믿는 자에게는 능치 못할 일이 없느니라"라고 말씀하시는 주님의 음성을 듣기 원합니다. 저의 믿음 없음을 용서하시고, 믿음을 더해 주십시오. 예수님의 이름으로 기도합니다. 아멘

그들 앞에 서서 가시는데

그들이 예루살렘으로 올라가는 길이었는데, 예수께서 앞장서서 가셨다. 제자들은 놀랐고, 뒤따라가는 사람들은 두려워하였다. 예수께서 다시 열두 제자를 곁에 불러 놓으시고, 앞으로 자기에게 닥칠 일들을 그들에게 일러주시기 시작하셨다. 마가복음 10:32

묵상을 위한 기도

긍휼이 풍성하신 성삼위 하나님 아버지! 찬양과 감사로 하루를 시작합니다. 오늘도 당신의 말씀을 대하며 예수님의 마음을 깊이 깨닫고 예수님이 가셨던 십자가의 길을 따라가는 시간을 갖게 하시니 감사합니다. 저의 마음과 귀를 열어 주시고, 성령께서 가르쳐 주시고, 삶에 실천할 수 있는 용기와 힘을 더하여 주십시오. 예수님의 이름으로 기도합니다. 아멘

본문묵상 본문을 여러 번 읽어 예수님의 마음을 느끼는 시간이 되도록 합시다.

마가복음 10:32~34

32. 그들이 예루살렘으로 올라가는 길이었는데, 예수께서 앞장서서 가셨다. 제자들은 놀랐고, 뒤따라가는 사람들은 두려워하였다. 예수께서 다시 열두 제자를 곁에 불러 놓으시고, 앞으로 자기에게 닥칠 일들을 그들에게 일러주시기 시작하셨다. 33. 보아라, 우리는 예루살렘으로 올라가고 있다. 인자가 대제사장들과 율법학자들의 손에 넘어갈 것이다. 그들은 인자에게 사형을 선고하고, 이방 사람들에게 넘겨 줄 것이다. 34. 그리고 이방 사람들은 인자를 조롱하고 침 뱉고 채찍질하고 죽일 것이다. 그러나 그는 사흘 뒤에 살아날 것이다."

예수님께서 고난의 길을 향해 첫 발걸음을 시작하셨습니다. 죽음이 기다리는 예루살렘을 향하여 올라가시는 것입니다. 그 발걸음이 어떠하셨을까요? 참으로 잘 떼어지지 않는 발걸음이셨을 것입니다. 독자 이삭을 제물로 바치려고 모리아 땅을 향해 아침 일찍 출발했던 아브라함의 발걸음만큼이나 힘들었을 것입니다.창22:3 그러나 아브라함이 하나님께서 아들 이삭 대신 하나님께 드

릴 제물을 준비하실 것이라는 믿음으로 나아갔던 것처럼 예수님께서도 죽임을 당할 것이나 삼일 후에 부활할 것을 믿고 출발한 발걸음이었습니다. 죽음을 향한 발걸음이지만 그러나 그것은 믿음의 발걸음이었습니다. 무덤을 향한 발걸음이었지만, 부활을 향한 생명의 발걸음을 시작하신 것입니다.

이렇게 믿음으로 시작하신 발걸음이지만 그 발걸음은 그리 쉽지 않으셨을 것입니다. 육신적으로는 마리아 어머니가 생각났을 것이요, 가족들이 머리에 떠올랐을 것입니다. 그리고 지난 삼 년 동안 함께 했던 믿음의 공동체이며 영적 공동체인 제자 공동체가 생각났을 것입니다. 이런 예수님의 마음을 오늘 본문은 이렇게 표현하고 있습니다. 길을 가는 중에 예수님께서 제자들을 따로 불러 세워 앞으로 어떤 일이 일어날 것인지에 대해 일러 주었다고 말하고 있습니다.참조-마20:17 그러나 예수님께서 고난을 받고 십자가에 못 박혀 죽을 것에 대해 여기 처음 일러 준 것이 아닙니다. 우리가 살펴본 대로 벌써 지금이 세 번째막8:31, 9:31입니다. 그런데 제자들은 놀랐다고 말합니다. 그리고 사람들도 두려워하였다고 표현하고 있습니다. 이런 제자들의 상태를 놓치지 않으시는 예수님이십니다. 예수님은 당신 제자들의 표정과 눈빛을 읽고 계셨습니다. 그래서 다시 한 번 마음의 준비를 단단히 해 두고 계신 것입니다. 내가 다시 너희에게 말한다. 잘 들어라. 인자가 죽임을 당하지만, 반드시 삼 일 만에 다시 살아날 것이다. "삼 일 만에 살아날 것"이라는 것을 힘주어 말씀하시는 예수님이시지만 제자들의 귀에는 들어오지 않습니다. 그저 죽음이 기다리는 예루살렘을 향해 가시는 예수님이 원망스러울 뿐입니다.

죽음을 향해 나아가는 예수님 앞에서도 제자들은 그저 자신의 이익만을 찾는 모습이 다음에 그려집니다. 세배대의 아들 야고보와 요한이 주께 나아와서 선생님 무엇이든지 우리가 구하는 것을 들어주시기 원합니다.막10:35 예수님은 그들을 나무라지 않으셨습니다. 그래 무엇을 해주기를 원하느냐고 물으십니다. 아직도 자신의 죽음을 이해하지 못하는 제자들이지만 우리 주님은 그들을 이해하시며, 그들과 함께 거하시는 궁휼이 풍성하신 예수님의 성품을 보게 됩니다. 그래서 꾸짖거나 책망하지 않으시고 오히려 예수님은 이렇게 이야기하십니다. "너희는 너희가 구하는 것을 알지 못하는 도다."막10:38 참으로 인내하시고 참으심이 한이 없으신 주님이십니다. 당신이 택하신 제자들을 끝까지 포기하지 않으시고 참고 기다리시며 사랑하시는 예수님이십니다.요13:1

예루살렘으로 향하는 예수님의 걸음은 죽음을 향하는 발걸음이셨지만 절망은 아니었습니다. 그 발걸음은 제자들을 격려하고 마음을 강하게 하는 발걸음이었습니다. 십자가의 길은 절망이 아니요 소망입니다. 십자가의 도는 멸망이 아니라 생명입니다. 예수님이 가신 고난의 길은 우리에게는 용기와 격려의 길입니다. 예수님께서 가신 수난의 길은 제자들을 격려하시고 제자들의 마음을 살피시는 주님의 인간적 사랑이 담겨 있는 길입니다. 사순절 기간에 우리가 찾아보는 예수님의 마음은 바로 이런 마음입니다. 십자가의 고통 앞에서 고뇌와 번뇌하시기보다는 오히려 제자들을 돌보시고 그들의 믿음에 관심을 기울이시는 예수님의 사랑이 담긴 고통입니다. 오늘도 우리를 돌보시고 보호하시는 주님의 따뜻한 품을 자주 경험하는 시간이 되길 기도합니다.

적용을 위한 기도

주님이 가신 길은 절망이 아니라 용기와 힘을 부여하는 생명의 길이었습니다. 오늘도 우리 안에 주님의 고난이 용기와 힘과 생명이 되도록 역사 하시옵소서. 성령의 충만함 속에 주의 길을 깊이 이해하고 주님의 마음을 경험하는 한날이 되게 하소서. 예수님의 이름으로 기도합니다. 아멘

예루살렘을 향한 길에서

예수께서 예루살렘에 들어가셨을 때에, 온 도시가 들떠서 "이 사람이 누구냐?" 하고 물었다. 사람들은 그가 갈릴리의 나사렛에서 나신 예언자, 예수라고 말하였다. 마태복음21:10~11

묵상을 위한 기도

살아계신 성삼위 하나님 아버지! 찬양과 감사로 하루를 시작하며, 주님의 말씀을 대합니다. 말씀의 은혜를 베푸시고 우리의 심령과 마음을 깊이 돌아보며 예수님의 마음을 깊이 경험하는 시간이 되도록 성령을 부어 주십시오. 주님의 말씀에 그 말씀대로 이웃에 실천하며 살도록 힘주세요. 예수님의 이름으로 기도합니다. 아멘

본문묵상 본문을 여러 번 읽어 예수님의 마음을 느끼는 시간이 되도록 합시다.

마태복음21:1~11

1. 그들이 예루살렘 가까이에 이르러, 올리브 산이 있는 벳바게 마을에 들어섰을 때에, 예수께서 두 제자를 보내시며 2. 그들에게 말씀하셨다. "너희는 맞은편 마을로 가거라. 가서 보면, 나귀 한 마리가 매여 있고, 그 곁에 새끼가 있을 것이다. 그것을 풀어서, 나에게로 끌고 오너라. 3. 누가 너희에게 무슨 말을 하거든 '주께서 쓰시려고 하십니다' 하고 말하여라. 그러면 곧 내줄 것이다." 4. 이것은, 예언자를 시켜서 하신 말씀을 이루려고 하는 것이다. 5. 시온의 딸에게 말하여라. 보아라, 네 임금이 네게로 오신다. 그는 온유하시어 나귀를 타셨으니, 어린 나귀, 곧 멍에 메는 짐승의 새끼다." 6. 제자들이 가서, 예수께서 지시하신 대로, 7. 나귀와 새끼 나귀를 끌어다가, 그 위에 겉옷을 얹으니, 예수께서 올라 타셨다. 8. 큰 무리가 자기들의 겉옷을 길에다가 폈으며, 다른 사람들은 나뭇가지를 꺾어다가 길에다 깔았다. 9. 그리고 앞에 서서 가는 무리와 뒤따르는 무리가 외쳤다. "호산나, 다윗의 자손께! 복되시다, 주의 이름으로 오시는 분! 가장 높은 곳에서 호산나!" 10. 예수께서 예루살렘에 들어가셨을 때에, 온 도시가 들떠서 "이 사람이 누구냐?" 하고 물었다. 11. 사람들은 그가 갈릴리의 나사렛에서 나신 예언자, 예수라

고 말하였다.

해마다 유월절이 되면 장엄한 행렬이 이어졌습니다. 로마에서 총독이 말을 타고 수많은 마병과 로마 군병들의 호위를 받으며 예루살렘을 향해 진군합니다. 그 모습은 권위에 차 있고 위엄과 화려함을 함께 보여주는 무섭고 엄청난 행렬입니다. 행렬을 보러 나온 군중은 예루살렘으로 향하는 길 양옆에 서서 양손을 들어 흔들며 이렇게 환호하며 소리칩니다. 로마 황제 만세.

이러한 로마 황제의 행렬과는 대조적으로 아주 초라한 나귀 새끼를 타신 한 분이 오늘 그 행렬을 대신합니다. 그분은 바로 얼마 후면 사람들에 의해 십자가에 못 박혀 죽으시고 사흘 만에 죽음에서 부활하실 예수 그리스도이십니다. 그분이 감람산에 이르러 제자들에게 말씀하십니다. "마을로 가면 나귀 새끼를 보리라. 그들을 끌고 와라." 이 감람산은 사람들이 메시아를 대망하던 곳입니다. 스가랴 14:4절에 보면 이곳은 메시아 대망과 연결되는 것을 보게 되는데 "그날에 그의 발이 예루살렘 앞 곧 동편 감람산에 서실 것이요"라고 말하고 있습니다.

예루살렘을 향해 가시는 예수님께서 깊은 생각에 빠져 계십니다. 그리고 그 생각을 이제 실천하고 계십니다. 예수님께서는 로마의 화려한 군대 행렬의 모습을 생각하는 이스라엘 백성의 생각을 겸손히 나귀 새끼를 탄 예수님의 행렬로 바꾸어 가고 계시는 것입니다. 예수님께서 가시는 길은 권위가 아니라 겸손을, 무력이 아니라 평화를, 이 땅의 원리가 아니라 하나님 나라의 원리를 보여 주시고자 겸손히 나귀 새끼를 타신 것입니다. 평화의 왕이시오, 세상의 죄를 지고 가시는 하나님의 어린양으로 말입니다. 내가 가는 이 길을 너희가 알랴. 호산나 다윗의 왕으로 온다고 외치는 너희의 입이 잠시 후면 나를 십자가에 못 박으라고 같은 입으로 소리칠 너희가 아니더냐? 어찌하랴. 아, 내 마음이 찢어지며 비통하구나. 내가 가는 길은 십자가의 길이요 순종의 길이며 평화의 길인데. 이 일을 어찌할꼬…. 마음의 눈물을 흘리시는 예수님의 모습이 환호하는 군중 속에서 느껴집니다.

본문은 많은 사람이 나와서 환호했다고 말하고 있습니다. 예루살렘에서 유월절을 보내려고 순례의 길을 떠나온 종교행사 참여에 가득한 이 무리는 나귀를 타고 입성하는 예수를 그들이 고대하던 메시아로 착각하고 있습니다. 곧 그들을 로마의 압제에서 해방해줄 정치적 메시아로 잘못 인식하고 있습니다. 평화의 왕이 아닌 정권을 잡을 통치자로 환영하는 것입니다. 그들이 열망하고 고대하던 왕인 다윗 왕처럼 이스라엘을 로마의 정치적 압제로부터 해장시킬 그런 능력이 많은 왕으로 예수님을 기대하고 있습니다. 그래서 외칩니다. "호산나 다윗의 자손이여."

혹독한 고통과 함께 죽음이 기다리는 예루살렘을 향해 가시는 예수님의 행렬은 겸손히 나귀 새끼를 타신 행렬이었습니다. 수많은 마병과 화려한 마차를 동원한 로마총독의 행렬과는 달리 사람들의 겉옷과 종려나무 가지가 그 길에 있었습니다. 예수님께서 가신 십자가의 길은 고난의 길이었습니다. 그러나 평화의 길이었으며 순종의 길이었습니다. 사람들을 사랑한 길이었습니다. 우리에게 회복과 축복을 가져다주는 순종의 길이었습니다. 능력과 권능이 힘을 말해주고 있으며, 화려하고 출세의 길을 찾아가는 이 세상 속에서 순종과 겸손 그리고 평화의 길을 추구하며 산다는 것은 모험이며 때론 고통스러운 일입니다. 그러나 그 길이 우리가 따라가는 예수님이 가신 길입니다. 그래서 힘이 생기고 소망이 있습니다. 주님과 함께 가는 길이기에 말입니다.

적용을 위한 기도

주님! 오늘도 겸손히 나귀를 타고 예루살렘으로 오르신, 예수님께서 가신 길을 따라가렵니다. 평화를 만드는 삶을 살게 하십시오. 마음과 생각이 평화를 많이 생각하게 하십시오. 그리고 이웃과의 관계에서 겸손하게 하십시오. 그래서 하나님 말씀에 전폭적으로 순종하는 삶을 살게 하십시오. 예수님의 이름으로 기도합니다. 아멘

그를 두려워함 이러라

대제사장들과 율법학자들이 이 말씀을 듣고서는, 어떻게 예수를 없애 버릴까 하고 방도를 찾고 있었다. 그들은 예수를 두려워하고 있었던 것이다. 무리가 다 예수의 가르침에 놀라고 있었기 때문이다. 마가복음11:18

묵상을 위한 기도

평화의 성삼위 하나님 아버지! 오늘도 당신의 말씀을 듣고자 합니다. 성령을 부어 주셔서 저의 귀와 눈과 마음을 열어 주의 기이한 법을 깨닫게 하옵소서. 간절한 마음으로 말씀을 받고 이것이 그러한가? 오늘 하루의 삶에 당신의 말씀을 깊이 묵상하며 그 말씀을 이웃에게 실천하며 살아가게 하소서. 예수님의 이름으로 기도합니다.

본문묵상 본문을 여러 번 읽어 예수님의 마음을 느끼는 시간이 되도록 합시다.

마가복음 11:15~19

15. 그리고 그들은 예루살렘에 들어갔다. 예수께서 성전에 들어가셔서, 성전 뜰 안에서 팔고 사고 하는 사람들을 내쫓으시면서 돈을 바꾸어 주는 사람들의 상과 비둘기를 파는 사람들의 의자를 둘러엎으시고, 16. 성전을 가로질러 물건을 나르는 것을 금하셨다. 17. 예수께서는 가르치시면서, 그들에게 말씀하셨다. "기록된 바 '내 집은 만민이 기도하는 집이라고 불릴 것이다' 하지 않았느냐? 그런데 너희는 그곳을 '강도들의 소굴'로 만들어 버렸다." 18. 대제사장들과 율법학자들이 이 말씀을 듣고서는, 어떻게 예수를 없애 버릴까 하고 방도를 찾고 있었다. 그들은 예수를 두려워하고 있었던 것이다. 무리가 다 예수의 가르침에 놀라고 있었기 때문이다. 19. 저녁때가 되면, 예수와 제자들은 으레 성 밖으로 나갔다.

예루살렘에 들어가신 주님은 당신이 12살 때 "선생들과 함께 있으며 듣기도 하고 묵기도 했던 아버지 집"눅2:46, 49 으로 만사를 제쳐놓고 달려가셨습니다. 그리고 불꽃 같은 눈으로 성전을 둘러보셨습니다. 아니 이럴 수가 있

나. 어찌하여 성전이 이토록 타락하고 파렴치한 곳이 되었단 말인가? 오호통재라. 내 아버지 집이 이런 곳으로 변하다니. 만민이 기도하는 집이 어떻게 이렇게까지 변할 수가 있단 말인가? 하나님의 성전에 대한 열심히 활활 타는 주님의 마음을 주위에 있던 사람들은 쉽게 읽을 수가 있었습니다. 그리고 주님은 당신이 하실 수 있는 최대의 일을 하셨습니다. 성전 안에서 매매하는 자들과 돈 바꾸는 자들, 그리고 비둘기파는 자들도 몰아내셨습니다. 아무도 물건을 가지고 성전 안으로 지나다니지 못하게 하셨습니다.

사람들이 아우성입니다. 당신이 무슨 권위로 이러느냐고 항변하는 사람들, 또는 대제사장이 허락한 합법적으로 장사하고 있다며 대드는 사람들도 있었습니다. 왜 남의 밥줄을 끊어놓느냐고 이곳저곳에서 웅성웅성 대고 있습니다. 그런 사람들을 향해 예수님은 이렇게 외칩니다. "듣지도 읽지도 못했느냐? 내 집은 만민이 기도하는 집이라 칭함을 받으리라 하지 아니하였느냐? 너희는 강도의 소굴을 만들었도다." 사람들은 웅성웅성하던 소리를 멈추고, 예수님의 가르치는 교훈에 놀라 하나둘씩 팔던 물건을 싸서 그 자리를 떠나갑니다. 마치 간음한 여인을 예수님께 끌고 와서 돌로 치려고 준비하고 있던 무리가 예수님의 말씀에 하나둘씩 사라졌던 것과 같이 말입니다.요8:8~9 왜 그랬을까요? 그것은 그 말씀 하시는 예수님의 권위가 하늘의 권세와 같았기 때문이었습니다. 이 소식을 들은 대제사장들과 서기관들이 예수를 어떻게 죽일까 하고 꾀하였다고 성경은 말하고 있습니다.

그날 밤 예수님은 잠을 주무시지 못했습니다. 뜬눈으로 밤을 맞이하셨습니다. 하나님의 성전이 이렇게 타락을 하다니. 영적인 심장이 썩어가고 있다는 것이 마음이 아팠습니다. 일년에 한 번씩 모여든 사람들이 겪게 되는 영적 세계는 저들의 삶을 깨끗게 하는 것이 아니었습니다. 하나님 앞에 죄를 씻고 새 삶을 살게 하는 것이 예루살렘 성전이었습니다. 그런데 그 성전에서 본질적으로는 죄악을 행하게 하는 일이 벌어지고 있으니 얼마나 마음이 아프셨을까요. "세상의 중심부인 성전이 이렇게 되다니. 세상의 타락을 막고 온 세상을 새롭게 해야 할 예루살렘 성전이 아닌가 말이다." 생수의 강이 흘러넘치고 생명이 회복되어야 하는 예루살렘 성전이었습니다.

"이 타락과 부패를 어찌해야 하나요?" 아픈 마음으로 밤새 기도하시던 주님은 이런 대답을 얻으셨을 것입니다. "그래 이제 이런 성전은 더는 필요 없다. 부패한 제사장도 더는 필요 없다. 제사도 없다. 소비와 비리를 불러일으키는 이런 형식은 더는 의미가 없다." 타락하고 거룩하지 못한 성전을 회복해 내기 위한 온몸의 몸부림과 몸짓이었습니다.

이러한 예수님의 행동은 온 세계에서 유월절 성지 행렬 차 모여들었던 온 세계 사람들에게 도전이었습니다. 이 일은 이제 유월절 의식을 위해 그곳에 모였던 대제사장과 서기관들 그리고 그들을 지키고 이익을 보던 로마 군인들에게까지 그냥 넘길 수 없는 일이 되었습니다. 엄청난 파문을 몰고 왔습니다. 예수님의 죽음을 몰고 오는 커다란 계기가 되었습니다. 아마 우리 주님은 이것을 다 알고 계시면서 이 일을 진행하고 계셨을 것입니다.

주님은 타락한 인간과 부패한 사람의 마음을 회복하시기 위해 십자가의 길을 기꺼이 가셨습니다. 죄와 허물로 가득한 성전에서의 삶을 그의 피로 깨끗게 하시기 위해 고난의 길을 자청하셨습니다. 주님이 가신 그 길로 우리는 죄를 씻는 길이 생겼습니다. 그런 예수님의 몸이 이제는 성전이 되셨습니다. 우리는 그 성전을 더럽히고 있지는 않은지 개인적으로 교회적으로 다시 한 번 돌아볼 때입니다. 사순절 기간 깊이 우리를 돌아보며 회개와 회복이 함께 일어나는 귀한 시간이 되어야 할 것입니다.

적용을 위한 기도

주님! 당신의 용기 있는 행위는 세상을 회복하고 세상을 고치고 생명을 가져오는 거룩한 행위이셨습니다. 감사합니다. 당신의 성정을 우리의 이익을 추구하는 것으로 팔지 않도록 용기와 정직함을 주십시오. 오늘도 우리의 말과 생각 그리고 행동으로 당신의 이름을 더럽히며 부끄럽게 살지 않게 하소서. 예수님의 이름으로 기도합니다. 아멘

예루살렘아, 예루살렘아

예루살렘아, 예루살렘아, 예언자들을 죽이고, 네게 파송된 사람들을 돌로 치는구나! 암탉이 병아리를 날개 아래에 품듯이, 내가 몇 번이나 네 자녀를 모아 품으려 하였더냐! 그러나 너희는 원하지 않았다. 마태복음 23:37

묵상을 위한 기도

살아계셔서 우리 가운데 계신 성삼위 하나님 아버지! 감사합니다. 생명과 힘을 주셔서 한날을 시작하게 하시니 참으로 감사합니다. 당신을 향한 감사와 찬양으로 하루를 시작합니다. 오늘도 주의 말씀을 듣고 행하는 한날 되게 하소서. 우리의 귀와 눈과 마음을 열어 주의 기이한 법을 깨닫고 예수 그리스도의 진리 안에서 성장하게 하소서. 예수님의 이름으로 기도합니다. 아멘

본문묵상 본문을 여러 번 읽어 예수님의 마음을 느끼는 시간이 되도록 합시다.

마태복음23:37~39

37. 예루살렘아, 예루살렘아, 예언자들을 죽이고, 네게 파송된 사람들을 돌로 치는구나! 암탉이 병아리를 날개 아래에 품듯이, 내가 몇 번이나 네 자녀를 모아 품으려 하였더냐! 그러나 너희는 원하지 않았다. 38. 보아라, 너희의 집은 버림을 받아서, 황폐하게 될 것이다. 39. 내가 너희에게 말한다. 너희가 '주님의 이름으로 오시는 분은 복되시다!' 하고 말할 그때까지, 너희는 나를 다시는 못 볼 것이다."

자식을 사랑하는 것은 부모의 보호본능인가 봅니다. 부모의 보호 아래서 자녀는 자라나게 됩니다. 자식이 기침하거나 밥을 잘 먹지 않으면 부모들은 아이가 염려되기 시작합니다. 아이가 좋아하는 음식을 해 먹이고, 원하는 것을 다 해주고 싶은 마음이 부모의 마음입니다. 옷을 따뜻하게 입히고, 당신들은 먹지를 못해도 자식에게 좋다는 것은 모든 것을 다 해 먹이는 것이 부모의 마음입니다. 밤이든 낮이든, 비가 오나 눈이 오나, 부모는 자식을 생각하고, 살피고, 돌

보고, 보호합니다. 그래도 차도가 없으면 병원을 찾아가 아이를 진단하고 치료를 합니다. 새벽마다 아이를 위해 노심초사 기도를 하며 주님께 매달립니다. 이것이 부모의 마음이죠. 자나깨나 자식 생각이 부모에게 있습니다.

이렇게 부모가 자식을 돌보듯 이스라엘 백성을 돌보시는 분이 바로 하나님이십니다. 오늘 본문은 우리에게 예루살렘을 향해 품으신 하나님의 마음을 표현하고 있습니다. 하나님은 예루살렘의 백성을 암탉이 병아리를 품음같이 하였다고 말씀하고 있습니다. 제가 자랄 때 시골서 닭을 길렀습니다. 제가 매일 먹이를 주고 닭을 돌보았습니다. 그러면서 놀라운 것을 하나 발견하였습니다. 닭이 알을 낳기 시작하였습니다. 그런데 닭이 알을 낳는 곳은 특별한 곳이었습니다. 닭장에 알을 낳도록 볏짚을 넣어 주면 닭은 그 볏짚을 모아다가 둥지를 만듭니다. 그리고 거기에 알을 낳습니다. 방목을 하게 되면 닭은 땅에 알을 낳게 되는데, 이때에도 닭은 땅을 파고 그곳에 부드러운 풀을 뜯어다가 둥지를 만들고 그곳에 알을 낳습니다. 알이 굴러가지 않도록 하기 위해서입니다. 알이 모이면 닭은 알을 품기 시작합니다. 어미 닭의 체온에 의해 알이 부화하여 병아리가 됩니다. 알을 품는 동안 어미 닭은 움직이지도 않고 품고 있습니다. 음식을 먹어야 할 때에는 수탉이 대신 품습니다. 그리고 병아리가 부화하면 어미 닭은 그 병아리 곁을 떠나지 않습니다. 제가 다가가면 어미 닭은 자신의 날개로 병아리들을 모으고, 품으며 숨겨 줍니다. 보호 본능이죠. 주위로부터 보호하는 것입니다. 먹이가 있으면 어미 닭은 소리를 내면서 병아리들을 모아 먹이를 먹게 합니다. 암탉이 병아리를 사랑하는 것은 신기할 뿐만 아니라 경이롭기까지 합니다.

본문은 하나님께서는 이스라엘 백성을 암탉이 병아리를 모으듯 한 적이 몇 번이더냐고 말씀하고 계십니다. 예루살렘을 향해 주님이 품으신 마음입니다. 그들을 모으고 돌보려고 하나님께서는 많은 선지자를 보냈습니다. 그런데 그 선지자들을 예루살렘이 죽였습니다. 그러나 하나님은 참고 인내하시며, 또 다른 선지자들을 보내어, 저들을 돌보고 하나님 품에 모으려고 하였습니다. 그때마다 저들은 어김없이 선지자들을 능멸하고 죽였습니다. 이제 당신이 직접 육신의 몸으로 이 땅에 오셨습니다. 그리고 예루살렘을 지키려 하지만 예수님까지 죽이려 하고 있습니다. "오! 예루살렘아, 예루살렘아. 너희가 나의 품을 원치 않는구나. 세상의 유혹과 공중 권세 잡은 자들이 너희를 넘어뜨리려 하기에 내가 너희를 내 품에 품고 보호하며 지키려 하는데 너희가 나를 멀리하고, 나를 오히려 죽이는구나." 예수님의 가슴은 찢어지고, 예수님의 온몸은 아파져 옵니다. 자식을 돌보는 부모의 마음이기 때문입니다.

품고, 돌보려고 하는 예루살렘이 이제 황폐해 질 것이고, 버린 바 되리라고 예수님은 말씀하고 계십니다.38절 그렇게 돌보고 품으려 하셨던 예루살렘이 황폐케 되고, 없어지는 것을 지켜보시는 예수님의 마음은 어떠하셨을까요? 온몸이 찢어지는 듯 아프셨을 것입니다. 말할 수 없이 고통스러우셨을 것입니다. 그런데 그 고통을 말해도 깨닫지 못하는 이스라엘 백성으로 말미암아 이중적인 고통을 겪으시는 주님은 더 아프셨을 것입니다. 그래서 주님은 예루살렘 성을 바라보시며 눈물을 흘리십니다.눅19:41 애통의 눈물이십니다. 긍휼의 눈물이십니다. 슬픔의 눈물이십니다. 얼마나 내가 너를 품으려 하였는데….

십자가의 길을 가시는 주님은 예루살렘을 바라보시며 눈물을 흘리십니다. '내가 그토록 사랑한 너희가 아니더냐? 너희를 품으려고 내 넓은 가슴을 벌려 품으려 하지 않았더냐? 환난과 역경과 고통 가운데서 너희를 돌보는 나의 눈과 팔이 아니더냐? 그런데 그런 나를 너희가 십자가에 못 박으려 하는구나. 그래 너희의 죄를 내가 짊어지리라. 내가 너희의 죄를 지고 십자가에서 죽지 않으면 너희가 살 수 없기에 내가 이제 그 고통의 십자가를 지려 한다. 내가 직접 너희 죄를 위해 십자가에서 죽으면, 너희가 그때는 나의 사랑을 알게 되겠지? 너희를 향한 나의 짝사랑을 그때는 알아주겠지? 그래 봐라. 내 멍든 가슴을. 너희를 사랑하기에 생긴 이 아픈 가슴이 아니더냐. 너희를 품으려고 벌린 나의 팔과 가슴에 그 커다란 못을 박으려 하는구나. 그러나 기억해라. 너희를 위해 죽은 나는 너희를 위해 다시 살아나리라. 그리고 내가 너희에게 올 때 너희는 찬송하게 되리라. "주의 이름으로 오시는 이여"라고….'

적용을 위한 기도

　주님. 당신은 오늘도 나를 당신의 품으로 품어주시고, 돌보고 계심에 깊이 감사드립니다. 당신의 그 깊은 사랑의 몸짓에 제가 민감하게 반응하여 당신의 마음을 아프게 해 드리지 않게 성령의 힘과 지혜를 부어 주십시오. 이웃과 평화하며, 세상에 하나님의 빛으로 살아가는 자가 되게 하소서. 예수님의 이름으로 기도합니다. 아멘

끔찍한 비밀 흉계

그 즈음에 대제사장들과 백성의 장로들이 가야바라는 대제사장의 관저에 모여서, 흉계를 꾸며서 예수를 죽이려고 모의하였다. 마태복음 26:3~4

묵상을 위한 기도

긍휼과 자비가 풍성하신 성삼위 아버지 하나님! 오늘도 성령을 부어 주셔서, 말씀의 비밀을 깊이 깨닫고 그 말씀에 순종하는 하루가 되게 하소서. 사순절 기간 말씀을 통해 예수님의 고난과 돌아가심을 깊이 묵상하여 예수님의 마음을 깊이 경험하게 하소서. 우리를 향한 예수님의 사랑에 깊이 감사하며 내 안에 있는 소망으로 기뻐하게 하소서. 예수님의 이름으로 기도합니다. 아멘

본문묵상 본문을 여러 번 읽어 예수님의 마음을 느끼는 시간이 되도록 합시다.

마태복음 26:1~5

1. 예수께서 이 모든 말씀을 마치셨을 때에, 자기의 제자들에게 이르시기를 2. 너희가 아는 대로, 이틀이 지나면 유월절인데, 인자가 넘겨져서, 십자가에 달릴 것이다” 하셨다. 3. 그 즈음에 대제사장들과 백성의 장로들이 가야바라는 대제사장의 관저에 모여서, 4. 흉계를 꾸며서 예수를 죽이려고 모의하였다. 5. 그러나 그들은 “백성 가운데서 소동이 일어날지도 모르니, 명절에는 하지 맙시다” 하고 말하였다.

이틀이 지나면 유월절입니다. 사람들이 기뻐하며 예루살렘에 모여 하나님께서 행하신 기이한 일들을 기억하며 감사하는 시간입니다. 이스라엘 백성을 애굽의 핍박과 속박으로부터 해방하신 하나님께 감사하며 찬양하는 거룩한 시간입니다. 백성은 한 해 동안 하나님께서 행하신 일을 기뻐하며 하나님의 성전에서 양과 비둘기를 잡아 하나님께 속죄제를 드리며 죄를 씻는 날이기도 합니다. 모든 이스라엘 백성이 온 세계에서 몰려와 잔치가 될 것입니다. 그런데 그날이 다가오면 “인자가 십자가에 못 박혀 죽임을 당하기 위해 팔리리라”마26:2라고

말씀하고 계시는 예수님이십니다. 모두가 즐거워하는 전국의 명절인 유월절에 인자는 고통을 당하고 죽임을 당하게 된다는 것이 제자들이나 함께 있던 사람들에게는 믿기지 않았을 것입니다. 죄를 씻으려고 속죄제와 번제를 드리는 유월절에 오히려 사람을 죽이는 죄를 범할 수는 없다고 사람들은 생각했을 것입니다.

그런데 오늘 성경은 끔찍한 일이 계획되고 있다고 설명하고 있습니다. 정말로 숨은 곳에서는 하나님의 아들 메시아 예수 그리스도를 십자가에 못 박을 계략을 세우고 있었습니다. 그 당시에 대제사장과 백성의 장로들이 가야바라는 대제사장의 관정에 모였습니다. 그리고 예수를 흉계로 잡아 죽이려고 의논했다고 성경은 우리에게 고발하고 있습니다.마26:3~4 누가복음 22장 1~6절에서는 유다가 대제사장과 성전 경비대장에게 가서 예수를 넘겨줄 방도를 의논했고 그들이 기뻐하여 유다에게 돈을 주기로 약속했다고 말하고 있습니다. 참으로 안타까운 일입니다. 유월절에 어떻게 하면 백성이 하나님 앞에 바르게 영적인 삶을 살며 그분께 죄를 씻으며 유월절을 드리게 할까를 의논하고 준비해야 할 대제사장과 백성의 장로들이 아닙니까? 그런데 그들이 오히려 예수님을 십자가에 못 박아 죽일 계획을 꾸미고 있습니다. 백성의 죄를 하나님 앞에 가지고 나가 속죄를 구해야 할 대제사장이 아닙니까? 그런데 자신의 직무가 무엇인지 깨닫지 못하고 오히려 사람의 피를 흘리며 그 손에 죄의 피를 묻히는 대제사장과 백성의 장로들을 보며 마음이 아픕니다.

대제사장과 백성의 장로들과는 달리 예수님은 어떠하십니까? 이틀 후면 당신께서 십자가에 못 박혀 죽임을 당할 것을 아시면서도 주님은 철저히 그 길을 피하지 않고 걸어가고 계신 것을 보게 됩니다. 백성의 죄를 담당하고 속죄제로 십자가에 나아가려고 묵묵히 십자가의 길 고난의 길로 나아가시는 예수님이십니다. 당신이 행하셔야 할 일을 피하지 않고 신실하게 순종하며 행하고 계시는 주님은 분명히 대제사장 관정에서 사람을 죽이려는 끔찍한 계략을 꾸미는 세상의 대제사장과 백성의 장로들과는 비교가 되지 않습니다. 백성을 사랑하시고 백성의 고통의 소리를 들으시고 백성의 아픔을 보신 주님은 그들을 위해 고통의 십자가를 지고 골고다 언덕을 향해 기꺼이 나아가고 계십니다.

"이틀 후면 인자가 십자가에 못 박히기 위해 팔리리라."마26:2 사람의 목숨을 파는 행위가 진행되고 있습니다. 세상에서 가장 파렴치하고 비인간적인 행위입니다. 있어서는 안 되고 생각조차 해서는 안 되는 일이 벌어지고 있습니다. 그런데 주님은 이 일을 알면서도 당신이 당하실 일에 잠잠하십니다. 그것도 당신의 제자 중에 한 명이 당신을 배신하여 행할 일이라는 것도 알고 계셨습니다. 그럼에도, 평상의 삶을 잃지 않고 당신의 직무를 다하고 계시는 주님이십니다.

예수님은 시간이 없다고 느끼셨을 것입니다. 그래서 아주 다급하게 당신이 십자가에 못 박히시기 전에 인자가 올 때에 대해 제자들에게 가르쳐 주고 계십니다. "인자가 올 때는 모든 민족을 모아 구분하리라. 양은 오른편에 염소는 왼편에. 오른편 양은 바로 "내가 주리고 목마를 때 마실 물을 준 자들이며, 나그네 되었을 때 영접한 자요, 헐벗었을 때에 옷을 입혔고, 병들었을 때에 돌보았고, 옥에 갇혔을 때 와서 본 자들"이라고 말씀합니다.마25:31~39 사람들이 묻습니다. 언제 저희가 당신을 보고 이런 일을 했습니까? 주님은 바로 "여기 내 형제 중 지극히 작은 자 하나에게 한 것이 내게 한 것이다"마25:40라고 말씀하고 계십니다. 왼편에 있는 자들은 이 모든 일을 무시한 자들입니다. 그리고 "그들은 영벌에 의인들은 영생에 들어가리라"마25:46고 말씀하고 계십니다. 여기 주님의 계속되는 사역이 보입니다. 십자가에서 돌아가신 것으로 끝나는 것이 아니라 부활하셔서 승천하시고 인자가 천사들과 함께 오셔서 행하실 일이 계속 언급되고 있습니다.

오늘 우리가 행하는 작은 섬김이 바로 주님을 섬기는 것이 된다는 것을 우리는 알아야 합니다. 십자가의 고난의 길을 가신 주님의 길이 끝이 아니라, 다시 오실 주님은 우리의 행위를 계산하실 것입니다. 우리의 생각과 행동이 혹시나 끔찍한 계략이 되지 않기를 소원합니다. 주님이 찾으시며 주님을 영접하는 자처럼, 작은 자 하나에게 오늘도 물 한 방울을 주며, 아픔을 이해하고 찾아주는 작은 행위로 위로와 격려를 하는 삶이 되길 소원합니다.

묵상을 위한 기도

주님! 저희의 생각과 행동이 당신을 팔아먹는 어리석은 자의 행위가 되지 않게 하소서. 작은 자 하나에게 하는 섬김의 일이 당신을 영접하는 것임을 깨닫고 오늘도 철저히 섬기는 삶이 되도록 힘과 능력을 허락해 주십시오. 앞으로 일어날 일을 다 아시면서도 잠잠히 십자가의 길을 걸어가신 예수님의 이름으로 기도합니다. 아멘

내게 좋은 일을 하였느니라.

그러나 예수께서는 이것을 아시고 이렇게 말씀하셨다. "왜 이 여자를 괴롭히느냐? 그는 내게 아름다운 일을 했다." 마태복음 26:10

묵상을 위한 기도

사랑의 성삼위 아버지 하나님! 찬양과 감사로 하루를 시작하며 오늘도 생명의 말씀을 대합니다. 성령을 부어 주셔서 저희 마음과 눈과 귀가 열려 하나님의 음성을 듣고 진리의 말씀을 바로 깨닫게 하소서. 그리고 삶 가운데 깨달은 말씀에 순종하며 이웃에게 신실하게 행하도록 지혜와 능력을 허락해 주십시오. 예수님의 이름으로 기도합니다. 아멘

본문묵상 본문을 여러 번 읽어 예수님의 마음을 느끼는 시간이 되도록 합시다.

마태복음 26:6~13

6. 그런데 예수께서 베다니에서 나병으로 고생하던 시몬의 집에 계실 때에, 7. 한 여자가 매우 값진 향유 한 옥합을 가지고 예수께 다가와서는, 예수께서 음식을 잡수시고 계시는데, 그 머리에 부었다. 8. 그런데 제자들이 이것을 보고 분개하여 말하기를 "왜 이렇게 허비하는가? 9. 이 향유를 비싼 값에 팔아서, 가난한 사람들에게 줄 수 있었겠다!" 하였다. 10. 그러나 예수께서는 이것을 아시고 이렇게 말씀하셨다. "왜 이 여자를 괴롭히느냐? 그는 내게 아름다운 일을 했다. 11. 가난한 사람들은 늘 너희와 함께 있지만, 나는 늘 너희와 함께 있는 것이 아니다. 12. 이 여자가 내 몸에 향유를 부은 것은, 내 장례를 치르려고 한 것이다. 13. 내가 진정으로 너희에게 말한다. 온 세상 어디서든지, 이 복음이 전파되는 곳마다, 이 여자가 한 일도 전해져서, 그를 기억하게 될 것이다."

'이제 너희와 이렇게 앉아서 식사할 날도 며칠 남지 않았구나!' 생각하니 눈시울이 앞을 가려 제대로 식사를 할 수가 없습니다. 동시에 그동안 제자들과 함께했던 많은 시간이 떠오릅니다. 제자들을 처음 만났을 때

부터 시작해서, 수많은 사람에게 하나님 나라의 진리를 가르치던 일이 생각납니다. 또한, 많은 병자를 고치던 일들이 —죽은 나사로를 살리고, 절름발이, 중풍병자, 귀신들린 자들, 눈먼 자, 나면서부터 앉은뱅이, 손 마른 자 등등—생각납니다. 물 위를 걸었던 일, 물이 포도주가 되게 했던 일, 보리 떡 다섯 개와 물고기 두 마리로 오천 명, 사천 명을 먹이던 일이 주마등처럼 지나갑니다.

'이 얼마나 귀한 시간들이었나!' 생각하는 예수님께 갑자기 한 여자가 향유가 든 옥합을 들고 다가옵니다. 그리고 그 옥합을 깨고 향유를 예수님 머리에 바릅니다. (7절) 순간 벌어진 일이지만 식사 자리는 아수라장이 되고 제자 중의 한 사람이 여자를 꾸짖듯이 말합니다. 도대체 '이 비싼 향유를 그렇게 소비하다니. 이것을 팔아 가난한 자들에게 줄 수 있었을 것이다.' 사람들은 왜 이 여자가 이런 일을 하고 있는지 묻지도 않습니다. 예수님을 위해 무엇인가를 했던 여인의 행위에 관심보다는 그 여인이 소비한 향유에 관심이 있었습니다. 더 정확히 말하자면 그 향유의 가격에 관심이 있었습니다.

그런데 우리 주님이 하시는 말씀이 우리의 마음을 때립니다. "어찌하여 여인을 괴롭게 하느냐? 그가 내게 좋은 일을 하였느니라." 주님께서 그 여자가 행한 일이 주님께 좋은 일이었다고 말씀하고 있습니다. 사람들은 자신에게 좋은 일을 찾고 자신에게 유익한 행동을 하는 것이 오늘날 우리 주위에서 흔히 보는 현상입니다. 자기 이름을 내고, 자신의 명예를 나타내려고 사람들은 많은 일을 합니다. 그런데 오늘 이 여인의 행위는 예수님께 좋은 일을 한 것입니다. 주님이 좋아하는 일, 그것이 오늘 우리가 해야 할 일입니다. 오늘날 많은 교회를 다니는 사람들이 예수님이 좋아하는 일을 하고 있기보다는 자신의 이익과 번영, 그리고 소위 말해 축복을 위해 어떤 일을 하고, 종교적 행위를 하지 않나 생각을 깊이 해보게 되는 말씀입니다.

여인의 행위는 왜 예수님께 좋은 행위였을까요? 예수님은 이렇게 말씀하고 있습니다. "이 여자가 내 몸에 향유를 부은 것은 내 장례를 위한 것이다." 지금까지 주님은 당신이 사람들에게 내어 주어 죽임을 당하고 삼 일 만에 부활할 것을 여러 번 말씀하셨습니다.마16:21, 17:22~23, 20:18~19 ,26:2 그러나 제자들은 어떠한 반응도 보이지 않았습니다. 그런데 이 여인은 예수님의 죽음을 미리 준비한 것입니다. 여인은 예수님께서 말씀하신 죽음에 대해 제자들을 통해서든지 혹은 떠도는 소문을 통해서라도 알고 있었을 것입니다. 그래서 이 여인은 어떻게 하면 예수님의 죽음을 준비할까를 생각했을 것입니다. 죽은 후에 어떤 일을 하는 것보다 지금 이 순간 예수님께서 살아 계실 때 무엇인가를 하는 것이 값지다고 생각했을 것입니다. 그리고 이 여인은 바로 그 값비싼 향유를 예수님께 붓는 것이었습니다. 보십시오. 예수님의 말씀을. "가난한 자들은 항상 너희와 함께 있거니와 나는 항상 너희와 함께 있지 아니하리라."11절 지금 바로 이 순간 예수님을 위해 무엇인가를 해야 합니다. 미루거나 다른 이유를 찾아 주님을 섬기는 일을 미룬다는 것은 바른 순종과 섬김이 될 수 없음을 보여주는 것입니다.

"내 장례를 준비한 것이니라."12절 죽은 사람들에게 향유를 바르는 것은 유대인의 풍습입니다.요19:40 그 풍습을 안 이 여인은 죽은 예수님의 몸에 향유를 바르느니 살아 있는 예수님의 몸에 바르는 것이 더 값지다고 생각했을 것입니다. 그런 이 여인의 행위는 바로 예수님께서 돌아가실 것에 대한 생생한 예표가 되었습니다. 이러한 여인의 행위를 예수님은 어떤 가치를 부여하십니까? "복음이 전파되는 곳에서는 이 여자의 행한 일도 말하여 그를 기억하리라."13절 예수님의 죽음을 준비한 이 여인의 행위는 유일한 것이었습니다. 왜냐하면, 누구도 예수님의 죽음에 대해 심각하게 생각하지 않고 있을 때, 이 여인만은 예수님의 죽음에 대한 말씀에 귀를 기울이고, 믿고, 그 죽음을 준비한 것이기 때문입니다.

당신의 장례를 준비하는 이 여인 앞에서 예수님은 어떤 마음이셨을까요? 가슴이 아프고 온몸이 떨리셨을 것입니다. 죽음이 임박했음을 느끼셨을 것입니다. 또한, 그렇게 당신의 죽음을 이야기했어도 믿지 못하는 제자들을 생각하면 가슴이 답답했을 것입니다. 하지만, 그분은 제자들에게 화를 내시거나 흥분하지 않으셨습니다. 더 냉정하게 떠날 준비를 하십니다. "나는 너희와 항상 있지 아니하리라.

"11절 헤어짐에 대한 아픔을 주님은 경험하고 계십니다. 주님이 십자가에서 돌아가심으로 겪는 고통은 마음의 고통이요, 슬픔입니다. 그러나 그분은 그 길을 포기하지 않으셨습니다. 그 길이 온 백성의 죄를 사하는 길이요, 하나님과 사람 사이의 화목의 길이요, 사람과 사람 사이의 평화의 길이며, 사람의 생명을 살리며 영생의 길임을 아셨기 때문입니다. 주님의 순종은 고통과 아픔을 동반하지만, 그 순종은 생명이요, 소망이며, 영생을 위한 헌신적 사랑의 순종이었습니다.

적용을 위한 기도

주님. 당신께 좋아하는 일을 지금 이 순간 행하는 삶이 되게 하소서. 당신의 죽음을 준비한 여인의 행위는 바로 당신을 위한 일이었습니다. 당신의 이름을 사용하거나 당신의 능력을 사용해서 내가 누리려고 하는 것이 아닌 바로 당신에게 좋은 일이었습니다. 우리가 사는 오늘 하루가 당신을 기쁘게 하고, 당신에게 좋은 일이 되게 하소서. 예수님의 이름으로 기도합니다. 아멘

은 삼십과 예수님

내가 예수를 넘겨주면, 내게 무엇을 주실 작정입니까?" 하였다. 그들은 유다에게 은돈 서른 닢을 셈하여 주었다. 그때부터 유다는 예수를 넘겨주려고 기회를 노리고 있었다. 마태복음 26:15~16

묵상을 위한 기도

신실하신 성삼위 하나님 아버지! 오늘도 변함없이 제게 은혜를 베푸시고 새 마음과 새 심령을 허락해 주시니 진심으로 감사합니다. 감사와 찬양으로 하루를 시작합니다. 주의 성령을 부어 주셔서 당신의 기이한 법을 깨닫게 하소서. 그리고 삶 가운데에서 말씀이 정말 그러한가? 깊이 관찰하고 이웃에게 실천하게 하소서. 예수님의 이름으로 기도합니다. 아멘

본문묵상 본문을 여러 번 읽어 예수님의 마음을 느끼는 시간이 되도록 합시다.

마태복음 26:14~16

14. 그때에 열두 제자 가운데 하나인 가룟 유다라는 자가, 대제사장들에게 가서 묻기를 15. 내가 예수를 넘겨주면, 내게 무엇을 주실 작정입니까?" 하였다. 그들은 유다에게 은돈 서른 닢을 셈하여 주었다. 16. 그때부터 유다는 예수를 넘겨주려고 기회를 노리고 있었다.

서당 개 삼 년이면 풍월을 읊는다는 말이 있습니다. 어떤 일도 반복하고 항상 같이 하면 그를 닮아 간다는 것에 대한 우화적 표현입니다. 3년 동안 예수님과 함께 했던 제자들이라면 이제는 예수님의 표정 하나만 봐도 예수님께서 어떤 생각을 하고 계시는지 알 수 있는 제자들입니다. 그러나 예수님의 제자들은 아직도 예수님의 생각과 가르침을 깊이 깨닫지 못하고 있습니다. 더욱이 그들 중에는 예수님을 팔아넘기려 하는 자가 있었습니다. 가룟 유다라는 자입니다. 그는 예수님께서 성전을 깨끗게 할 때에도 예수님이 좀 지나치다고 생각했습니다. 예수님의 가르침이 너무 이상적이라고 생각했습니다. 나귀를 타고 예루살렘을

향해 입성하실 때 사람들이 소리치는 소리를 들으면서 예수님께서 괜히 사람들을 동요하게 하고 괜한 소동을 일으킨다고 생각했습니다. 한 여인이 예수님의 몸에 쏟아 붓는 향유를 소비한다고 지적할 때 예수님의 말씀에 상처를 입었습니다. 마26:8~10 자신의 지적에 오히려 동조하기보다는 여인을 칭찬하는 예수님의 행위가 맘에 들지 않았습니다. 또한, 그는 제사장들과 서기관들과 장로들이 예수님을 잡아 죽일 기회를 찾고 있다는 것을 알고 있었습니다. 그리고 그의 삐뚤어진 마음이 이제는 그들에게 기울기 시작했습니다.

　기회를 찾던 가룟 유다는 급기야 대제사장을 찾아갑니다. 예수님과 다른 제자들이 유월절을 준비하고 있을 때, 가룟 유다는 예수님을 팔 생각을 하고, 그 일을 진행하기 위해 바쁩니다. 몰래 제사장을 찾아가 이렇게 이야기합니다. "나는 당신들이 예수님을 죽일 기회를 찾는 줄 압니다. 내가 그 기회를 마련해 드릴 테니, 내게 무엇을 해줄 수 있습니까? 얼마나 나에게 주실 것입니까?" 그동안 함께 공동체 생활을 하면서 자신이 속해 있던 공동체가 어디서 식사를 하고, 어디서 예수님의 가르침을 받는지 잘 아는 가룟 유다입니다. 예수님께서 아침 일찍 일어나 어디로 기도하러 가시는지도 잘 알고 있었습니다. 예수님의 생활과 공동체의 메커니즘을 누구보다도 잘 아는 가룟 유다였습니다. 예수 공동체가 어떤 공동체인지 잘 아는 가룟 유다입니다. 잘 난체하는 베드로도 싫었습니다. 혼자 사랑을 받는다고 자랑하는 요한도 미웠습니다. 자신들에게 주의 영광중에서 오른쪽과 왼쪽의 권좌를 달라고 했던 야고보와 요한도 욕심꾸러기처럼 보였습니다. 이 모든 것을 다 파하는 것은 바로 예수를 파는 것으로 생각했습니다.

　어느새 유다의 손에는 은 삼십이 들려져 있습니다. 마26:14 내가 예수님을 넘겨주겠다는 유다의 말을 듣고 있던 제사장들과 장도들이 얼굴이 환해집니다. 그리고 유다의 마음이 변하기 전에 돈을 주어야 한다고 생각한 듯이 은 삼십을 서둘러서 건네주는 대제사장의 얼굴은 기뻐 보이기조차 합니다. 마26:15 은을 받아 들은 유다는 그때부터 예수를 넘겨줄 기회를 찾고 있습니다. 마26:16

자신을 제자로 불러, 지난 3년 동안 함께 먹으며, 함께 동고동락을 했던 공동체와 그 공동체의 지도자이신 예수님을 배반하는 가룟 유다입니다. 하나님의 생명 말씀은 간 데가 없고, 그 마음이 세상의 생각으로 가득 차서 시기하고, 질투하며 예수님을 팔아먹는 가룟 유다입니다. 예수님을 지키고, 공동체를 세워가는 것이 제자공동체에 속한 구성원들이 해야 할 일입니다. 어떻게 하면 주님의 말씀을 지켜 행하며, 그분이 기뻐할 일을 찾아야 하는 제자들입니다. 그런데 가룟 유다는 공동체 밖의 사람들이 기뻐하고, 공동체가 파괴되고, 공동체의 지도자이신 예수님을 팔아먹을 기회를 찾는 불쌍한 사람이 되었습니다.

오늘 본문이 우리에게 의미하는 바는 참으로 커다란 것입니다. 예수님의 고난과 순종의 길을 함께 가도록 제자로 부름 받은 우리가 지금 찾는 기회는 무엇일까요? 우리의 먹을 양식을 위해 은 삼십을 찾고 있습니까? 행동으로는 직접 이런 일을 행할 수 없다고 하더라도 우리는 혹시 마음으로 수없이 예수님을 팔아먹는, 그리고 돈을 받는 생각을 하지는 않는지요? 공동체를 지키며, 하나님 나라의 공동체인 교회가 세워지고, 예수님이 기뻐하는 기회를 찾아야 합니다. 그것이 이 사순절 기간에 우리가 해야 할 일입니다. 나의 유익을 위해 공동체를 파괴하거나, 예수님의 이름을 파는 행위는 예수님이 좋아하는 예수님 편이 될 수가 없습니다. 예수님의 고난과 죽음을 깊이 생각하는 사순절 기간, 나의 욕심과 이기심 때문에 십자가의 길을 가신 예수님을 깊이 생각하고, 우리 안에 새로운 심령, 선한 것을 찾고, 서로 세우는, 예수님께서 기뻐하는 기회를 찾아가는 시간이 되길 기도합니다.

적용을 위한 기도

주님! 우리의 이기심과 욕심과 어리석음으로 은 삼십에 당신을 팔아먹는 불쌍한 자가 되지 않게 하소서. 사람의 기쁨을 구하기보다, 주님의 기쁨을 찾고, 주께 영광 돌리는 오늘 하루의 삶이 되게 하소서. 예수님의 이름으로 기도합니다. 아멘

배신자와 함께한 식사

저녁때가 되어서, 예수께서는 열두 제자와 함께 식탁에 앉아 계셨다. 그들이 먹고 있을 때에, 예수께서 말씀하셨다. "내가 진정으로 너희에게 말한다. 너희 가운데 한 사람이 나를 넘겨 줄 것이다." 마태복음 26:20~21

묵상을 위한 기도

인애가 한이 없으신 성삼위 아버지 하나님! 오늘 아침 당신께 감사와 찬양을 드리며 하루를 시작합니다. 이 시간도 저에게 성령을 부어 주셔서 당신의 기이한 법의 말씀을 깨닫게 하시고, 오늘 하루 삶 가운데서 그 말씀의 능력을 경험하며 이웃에게 실천하는 하루가 되게 하소서. 예수님의 이름으로 기도합니다. 아멘

본문묵상 본문을 여러 번 읽어 예수님의 마음을 느끼는 시간이 되도록 합시다.

마태복음 26:20~25

20. 저녁때가 되어서, 예수께서는 열두 제자와 함께 식탁에 앉아 계셨다. 21. 그들이 먹고 있을 때에, 예수께서 말씀하셨다. "내가 진정으로 너희에게 말한다. 너희 가운데 한 사람이 나를 넘겨 줄 것이다." 22. 그들은 몹시 근심이 되어, 저마다 "주님, 나는 아니지요?" 하고 말하기 시작하였다. 23. 예수께서 말씀하셨다. "나와 함께 이 대접에 손을 담근 사람이, 나를 넘겨 줄 것이다. 24. 인자는 자기를 두고 성경에 기록되어 있는 데로 떠나가지만, 인자를 넘겨주는 그 사람은 화가 있다. 그 사람은 차라리 태어나지 않았더라면, 자기에게 좋았을 것이다." 25. 그때에 예수를 넘겨 줄 유다가 "선생님, 나입니까?" 하고 물으니, 예수께서 그에게 "네가 말하였다" 하고 말씀하셨다.

유월절입니다. 예루살렘에 모여든 사람들이 유월절을 지키려고 분주한 준비를 하고 있습니다. 무교병을 만들고, 양고기를 준비하고, 포도주를 준비합니다. 쓴 나물도 빠지지 않고 준비합니다. 모두가 바쁜 가운데 예수님의 제자들도 예외는 아닙니다. 그들도 예수님과 함께 유월절 음식을 먹으려고 예수님께

묻습니다. "유월절 음식을 잡수실 것을 우리가 어디서 준비하기를 원하십니까?"
마26:17 예수님의 대답은 성 아무에게 가서 이르라고 하십니다. 그런데 그 대답 속
에 오늘은 특별한 날이라는 것을 암시합니다. "내 때가 가까웠으니.마26:18" 제자
들은 깊은 생각 없이 이 말을 받아들입니다. 그러나 예수님께는 오늘 밤이 너희와
이 땅에서 나누는 마지막 유월절이 될 것이라는 것을 알고 계셨습니다.

때가 되어 유월절 식탁이 놓여 있는 곳에 이르렀습니다. 예수님의 표정은 다른
해와는 달리 아주 진지하다 못해 무엇인가 근심이 있으신 것 같이 보였습니다. 그
리고는 제자들을 한 명씩 쳐다보시더니 유다에게 이르러 한참 동안 머물러 있습
니다. 유다는 얼굴이 뜨거워졌습니다. 가슴 박동이 심합니다. 떨리기도 하고 무엇
인가 잘못되고 있다는 느낌이 들었습니다. 그러나 태연한 척합니다. 그리고는 예
수님께 "무슨 일이 있으세요? 왜 그렇게 저를 쳐다보세요? 제가 뭐 잘못이라도
했나요?"라고 말하면서 어색한 분위기를 무마해 버립니다. 순간 예수님은 다른
때와는 사뭇 다른 유다를 발견하게 됩니다. 드디어 저놈이 일을 저질렀구나. 그래
어차피 말씀대로 이루어져야 하는 것 아닌가? 내가 가야 할 길이 바로 이 십자가
의 길이 아닌가? 고난의 길이고 힘든 길이며 죽음의 길이지만 이 길 만이 온 인류
의 죄를 구속하는 길이 아닌가? 참고 가자. 즐겁게 기꺼이 이 길을 가자. 마음속
으로 이런 생각을 하며 유월절 식탁에 앉습니다. 예수님께서 식탁에 앉으시고 제
자들도 저마다 자기 자리를 찾아 앉습니다. 그리고 묵묵히 음식을 먹기 시작합니
다.

제자들이 오늘은 왜 분위기가 이럴까 생각하며 유월절 음식을 먹고 있는데, 어
색한 침묵을 깨고 예수님이 말씀하십니다. "내가 정말로 말하는데. 너희 중에 나
를 팔 자가 있다." 서로 근심에 싸여 쳐다봅니다. 혹시 너 아니야? 서로 의심의 눈
초리를 하다가 예수님께 말합니다. "저는 아니죠?" 서로 저는 아니라고 하는데
가룟 유다가 빵을 집으려고 손을 내밀어 빵을 잡습니다. 순간 예수님도 그 빵 그
릇에 손을 내밀며 이렇게 말씀하십니다. "지금 나와 이 그릇에 손을 넣는 그가 나
를 팔리라."마26:23 그 손을 다시 가져오신 주님은 계속 말씀을 이어가십니다. "인

자는 자기에 대하여 기록되어진 대로 가거니와 인자를 파는 자는 화가 있다. 차라리 나지 않았으면 제게 더 좋았을 것이다.”마26:24 안타까운 말씀입니다. 세상에 나지 않았으면 더 좋을 만큼 못된 일 하고 있다니 말입니다.

예수님께서는 유월절 음식을 자신을 팔아먹은 배신자와 함께 먹고 계십니다. 당장에라도 네가 그럴 수 있느냐고 윽박지르고 싶으셨을 것입니다. 내가 네게 가르친 것이 무엇이냐고 묻고도 싶으셨을 것입니다. 왜 그랬느냐고 따지고 싶기도 하셨을 것입니다. 아니 더 심하게 난 너와 함께 식사할 수 없으니 여기서 나가라고 하실 수도 있으셨을 것입니다. 그러나 오히려 주님은 자기를 파는 배신자와 함께 같은 상에서 음식을 먹고 계십니다. 원수까지도 사랑하라고 가르치신 주님의 말씀을 친히 실천하고 계신 것입니다.마5:44 3년이나 함께 했던 제자로부터 배신을 당한 예수님이십니다. 그러나 화를 내시지도 않고 그분이 가셔야 할 길을 순종하며 나아가는 예수님을 보게 됩니다.

우리가 여기서 한 가지 묵상할 내용이 더 있습니다. 예수님께서는 유다의 잘못을 지적하고 계시다는 것입니다. “손을 나와 함께 그릇에 넣는 자가 나를 팔 것이다.”마26:23 또한 예수님의 지적을 받은 유다는 다시 거짓으로 자신을 숨깁니다. “랍비여 나는 아니지요?”마26:25 이미 누가 예수님과 그릇에 손을 넣고 있는지 지적하면서 유다의 잘못을 지적하셨습니다. 그런데도 유다는 마음이 닫혀 주님의 음성을 듣지 못합니다. 그리고 더 나아가 뻔뻔하게도 “나는 아니지요?”라고 묻습니다. 그런데 보십시오. 죄의 잘못을 지적하십니다. “그래 네가 말하였다. 네가 제사장에게 가서 나를 팔겠다고 말하였다”라는 말입니다. 또 다른 의미는 “그래 너다. 네가 나를 팔았다” 라는 뜻이기도 합니다.

의인은 기록된 대로 간다고 해서 유다의 죄를 그냥 넘기지 않으시는 예수님이십니다. 잘못을 지적하고 회개를 촉구하시는 예수님을 보게 됩니다. 마지막까지 당신을 파는 자와 함께 음식을 나누시며 그가 회개하고 돌아올 것을 기다리시는 예수님의 인내와 사랑을 발견합니다. 십자가의 길을 가면서도 한 죄인을 얻고자

자신의 아픔을 참고, 그 죄인을 품고, 안으시며, 회개의 기회를 부여하시는 주님
이십니다. 참으로 긍휼과 자비가 한이 없으신 우리 주님이십니다. 십자가의 길은
바로 우리를 용서하시고 우리의 죄를 고백하고 회개하도록 이끄시는 회복과 생
명의 길입니다.

적용을 위한 기도

오! 주님! 당신의 크신 사랑에 감사합니다. 주님께서 저의 죄를 말씀으로 지적
하실 때, 그리고 우리의 양심에 호소하실 때, 즉각적으로 고백하고 돌아서는 바른
용기를 허락해 주십시오. 또한, 이웃과의 잘못을 솔직하게 고백하고 용서를 구하
는 깨끗한 마음을 주십시오. 예수님의 이름으로 기도합니다. 아멘

나의 몸과 피

그들이 먹고 있을 때에, 예수께서 빵을 들어서 축복하신 다음에, 떼어서 제자들에게 주시고 말씀하셨다. "받아서 먹어라. 이것은 내 몸이다." 또 잔을 들어서 감사를 드리신 다음에, 그들에게 주시며 말씀하셨다. "모두 이 잔을 마셔라. 이것은 많은 사람에게 죄를 사하여 주려고 흘리는 나의 피, 곧 언약의 피다." 마태복음26:26~28

묵상을 위한 기도

사랑이 무한하신 성삼위 아버지 하나님! 오늘 아침도 당신께 찬양과 경배를 드립니다. 진리의 말씀을 대할 때 저에게 성령을 부어 주셔서 깨닫게 하시고 삶 가운데서 말씀의 힘과 역사를 체험하게 하소서. 예수님의 이름으로 기도합니다. 아멘

본문묵상 본문을 여러 번 읽어 예수님의 마음을 느끼는 시간이 되도록 합시다.

마태복음 26:26~30

26. 그들이 먹고 있을 때에, 예수께서 빵을 들어서 축복하신 다음에, 떼어서 제자들에게 주시고 말씀하셨다. "받아서 먹어라. 이것은 내 몸이다." 27. 또 잔을 들어서 감사를 드리신 다음에, 그들에게 주시며 말씀하셨다. "모두 이 잔을 마셔라. 28. 이것은 많은 사람에게 죄를 사하여 주려고 흘리는 나의 피, 곧 언약의 피다. 29. 내가 너희에게 말한다. 이제부터 내가 나의 아버지의 나라에서 너희와 함께 새것을 마실 그날까지, 나는 포도나무 열매로 빚은 것을 절대로 마시지 않을 것이다." 30. 그들은 찬송을 부르고, 올리브 산으로 갔다

 "**너**희 중에 나를 팔 자가 있다"라는 말을 들었던 제자들은 마음이 진정되지가 않습니다. 어떻게 가룟 유다가 그럴 수 있단 말인가? 예수님의 지적을 받고, 가룟 유다는 식사 자리를 떠났을지도 모릅니다. 아니면 자신이 예수님을 팔지 않았다고 다른 제자들이 믿게 하려고 끝까지 그 식사자리에 함께 있었을지도 모릅니다. 어찌 되었건 이미 유월절 분위기는 그렇게 편안한 분위

기는 아니었을 것입니다. 그래서 서로 아무 말 없이 조용히 식사를 하고 있었을 것입니다. 그런데 그런 정적을 깨고 예수님께서 빵을 드시더니 하늘을 우러러 축복하시고 제자들에게 나누어 주시면서 위엄 있게 이렇게 말씀하십니다. "받아먹으라. 이것은 내 몸이니라."마26:26 제자들은 이해할 수가 없었습니다. 도대체 오늘 밤 예수님은 왜 저러시지? 다른 날과 너무 많이 달라. 제자들이 서로 쳐다보며 이상한 표정을 짓습니다. 그리고 생각에 빠지기 시작합니다. "선생님께서 잡히시어 죽음을 당하신다더니 때가 되었나 보다. 아니면 너무 그 생각을 많이 하셔서 환상에 잡혀 계시는 것은 아닐까?"

제자들이 이렇게 생각에 잡혀 있는 사이 예수님은 잔을 가지시고 하나님께 감사 기도를 드리십니다. 그리고 다시 그들에게 나누어 주십니다. "너희가 이것을 다 마시라. 이것은 죄 사함을 얻게 하려고 많은 사람을 위하여 흘리는바 나의 피 곧 언약의 피니라"마26:27~28 제자들은 정말로 근심에 쌓이기 시작합니다. 뭔가 잘못되긴 잘못된 것 같다. 그동안 그렇게 위엄과 권위를 가지고 병자들을 치료하고, 하나님 나라의 말씀을 전파하시던 예수님이 아니셨던가? 그런데 빵을 가지고 내 몸이라 하시고, 잔을 가지고 너희를 위해 흘리는 내 피 곧 언약의 피라고 말씀하시다니. "주님께서 지금 돌아가시면 안 된다"고 제자들은 서로 앞다투어 말하였을 것입니다. 이스라엘을 로마로부터 구해내시고, 자유와 평화를 가져오실 메시아가 아니신가?

"내 몸이다." 온 세상 죄를 지고 가실 예수님의 몸입니다. 이 땅의 모든 백성의 죄를 지고 가시는 거룩한 하나님의 어린양 예수의 몸이십니다. 예수님께서는 당신이 십자가에서 달리시게 될 자신의 몸을 생각하셨을 것입니다. 고통과 상함 속에서도 참아야 하는 이 길, 십자가의 길을 생각하셨을 것입니다. 그리고 자신의 몸을 아낌없이 십자가에 내어 놓으시는 예수님이십니다. 남을 위해 자신의 몸을 내어 놓으시는 거룩한 희생의 몸입니다. 우리가 먹으면 우리 몸의 힘과 생명력이 되는 떡처럼 그렇게 예수님의 몸이 우리를 위해 돌아가시는 것입니다. 그분의 돌아가심은 우리에게 생명을 가져오는 것이었습니다. 우리에게 소망을 가져오는 몸이었습니다. 주님은 말씀하십니다. "받아먹으라. 이것은 내 몸이니라." 떡이 여러 조각으로 나누어진 것처럼 주님께서 십자가에서 찢기시고, 깨어진 몸이 되셔서 우리에게 생명을 주시는 크고 놀라운 은혜와 축복의 길을 열어주고 계시는 것입니다.

"나의 피 곧 언약의 피니라." 구약부터 내려오던 피의 제사로 우리의 죄를 씻던 의식이출24:5~8; 히8:6~13 마감되고, 이제는 예수님께서 흘리신 보혈로 생명을 얻고 구원에 이른다는 예수님의 대속적인 죽음을 의미합니다. 예수님께서는 당신이 십자가에서 흘리시게 될 피를 생각하셨을 것입니다. 그것이 이제는 더 이상의 동물의 피를 통해 행해지던 속죄제를 그치고, 새로운 언약의 시대를 열게 된다는 것입니다. 그것은 예수님께서 십자가에서 흘리시게 되는 갈보리 보혈로 이제는 막힘이 없이, 자유로이 하나님 앞에 나아가게 되는, 예수 생명으로 얻게 된 자유의 삶에 대한 새 언약이라는 말씀입니다. 주님께서는 언약이라는 표현을 쓰고 계십니다. 이제는 너희와 나 사이에 관계가 있다고 말씀하시는 예수님입니다. 나의 죽음으로 말미암아 끝나는 것이 아니라, 새로운 언약의 관계가 맺어진다는 것입니다. 이 언약은 둘 사이의 언약이며, 예수님의 생명을 근거로 맺어진 언약이기에, 온전한 존재론적 약속이라는 것입니다. 이제부터 예수님께서는 우리와 영원히 언약의 관계로, 우리에게 생명을 부여함으로, 우리와 함께 영원히 계신다는 것입니다. 십자가위에서 당신의 몸이 상하고, 흘리신 보혈은 우리를 당신과 함께 영원히 거하게 하는 귀한 축복과 은혜며 우리에게 주어진 새 생명입니다.

주님께서는 당신의 몸이 찢기고, 피를 흘리시면서까지 우리에게 생명을 주시기를 원하셨습니다. 식사 자리에서 이 말씀을 하시는 주님은 목이 메고, 가슴이 찢어지는 아픔을 겪으셨을 것입니다. 그렇지만, 당신께서 돌아가심으로 시작될 새 언약의 관계를 생각하시면서 기쁨으로 그 길을 잠잠히 걸어가시는 주님이십니다. 생명을 다해 제자들을 사랑하시는 주님이십니다. 당신의 몸과 흘리신 보혈. 주일마다 행해지는 성찬식을 통해 주님이 하셨던 말씀과 그분의 돌아가심을 깊이 새겨보며, 맺어진 새 언약에 깊이 감사를 드려야 할 것입니다. 주님의 찢기신 몸과 흘리신 보혈은 새로운 언약의 시작이며, 우리에게 은혜와 생명의 길이 되셨습니다. 오늘도 주님께서는 우리 모두에게 떡과 잔을 주고 계십니다.

주님의 몸과 피인 떡과 잔은 바로 회복과 화합의 결정체입니다. 막힌 담을 허는 평화의 길이며 화평의 길입니다. 용납과 용서가 일어나는 곳입니다. 주님을 배반하는 가룟 유다까지도 함께 품으며 가는 '더불어 유전자DNA' 가 여기에 있습니다. 교회가 성찬을 잃어간다는 것은 주님이 교회공동체에 주신 함께 더불어 나누며 살아가라는 유전자를 잃어가는 것과 같습니다. 화해와 용서를 통해 평화를 만들어 가는 것이 주님이 나누어 주신 살과 피에서 시작되는 것을 우리는 잊지 말아야 합니다. 주님의 살과 피를 나누는 성찬을 교회가 행하는 것은 화해와 용서를 통한 평화의 공동체를 경험하는 샬롬의 회복이 일어나는 거룩한 행위입니다. 당신은 오늘도 이 성찬에 임하고 있습니다. 화해와 용서를 경험하는 삶의 성찬을 말입니다.

적용을 위한 기도

주님 오늘도 당신께서 베푸신 떡과 잔에 깊이 참여하여 새 언약의 기쁨을 맛보게 하시고, 주님의 돌아가심을 전하는 하루가 되게 하소서. 예수님의 이름으로 기도합니다. 아멘

여호와는 나의 목자시니

주님은 나의 목자시니, 내게 아쉬움 없어라. 나를 푸른 풀밭에 누이시며 쉴 만한 물 가로 인도하신다. 시편23:1~2

묵상을 위한 기도

평화의 성삼위 하나님 아버지! 오늘도 새날과 새 생명을 주셔서 당신 앞에 찬양과 경배로 나아가게 하시니 감사를 드립니다. 저희 마음의 눈과 귀를 열어 당신의 기이한 법의 도를 깨닫고 삶 가운데서 말씀의 능력을 경험하도록 성령을 부어 주소서. 예수님의 이름으로 기도합니다. 아멘.

본문묵상 본문을 여러 번 읽어 예수님의 마음을 느끼는 시간이 되도록 합시다.

시편 23:1~6

1. 주님은 나의 목자시니, 내게 아쉬움 없어라. 2. 나를 푸른 풀밭에 누이시며 쉴 만한 물 가로 인도하신다. 3. 내 영혼을 소생시키시고, 당신의 이름을 위하여 의의 길로 나를 인도하신다. 4. 내가 비록 죽음의 그늘 골짜기로 다닐지라도, 주께서 나와 함께 계시고, 주의 지팡이와 막대기로 나를 위로해 주시니, 내게는 두려움이 없습니다. 5. 주께서는, 내 원수들이 보는 앞에서 내게 상을 차려 주시고, 내 머리에 기름 부으시어 나를 귀한 손님으로 맞아 주시니, 내 잔이 넘칩니다. 6. 진실로, 주님의 선하심과 인자하심이 내가 사는 날 동안 나를 따르리니, 나는 주의 집에서 영원토록 살겠습니다.

우리는 처음 가는 길을 한 번쯤은 가본 경험이 있을 것입니다. 산행을 할 때 처음 걸어보는 등산길이라든지 혹은 어디를 찾아갈 때 처음 찾아가는 도로를 가본 경험 말입니다. 이런 경험을 할 때 우리는 자주 내가 바로 가고 있나 하고 의심을 해본 경험이 있을 것입니다. 이럴 때 자주 사용하는 것이 지도거나 나침반이었습니다. 요즘은 길을 안내하는 내비게이션 덕에 어디든지 안심하고 찾아갈 수 있는 시대가 되었습니다.

우리 인생에도 이런 내비게이션이 있었으면 하는 생각을 하게 될 때가 있습니다. 어떤 일을 결정하거나 무슨 일을 해야 할 때 이것이 바른 것인가 하고 누군가에게 물어보고 싶을 때가 있기 때문입니다. 오늘 본문은 바로 우리에게 인생의 내비게이션이 있다고 말씀해 주고 계십니다. 그분은 바로 우리 주님이십니다. 주님이 우리의 목자라고 말씀하고 계십니다. 어디를 가야 할지 모르는 양들을 인도하고 그들이 먹고살 수 있는 푸른 초장과 마실 수 있는 물이 있는 냇가로 인도하는 자는 바로 목자입니다. 이런 목자가 우리에게 있다고 성경은 오늘 우리에게 말씀하고 있습니다. 우리 인생은 걱정이 없다는 말씀입니다.

무엇이 걱정이 없습니까? 오늘 본문은 아쉬움이 없다고 말하고 있습니다. 다른 성경에서는 부족한 것이 없다는 것입니다. 있을 것, 필요한 것을 다 공급하신다는 것입니다. 양들에게는 먹을 푸른 풀밭이 필요합니다. 목자가 그 양들이 먹을 풀밭으로 인도하신다는 것입니다. 여기 우리의 목자 되신 주님은 누구이십니까? 그분은 천지를 지으신 만군의 여호와이십니다. 그래서 우리의 필요가 있을 때 그 필요를 어떻게 채워주실지 다 알고 계시다는 것입니다. "무엇을 먹을까? 무엇을 마실까? 무엇을 입을까 하지 마라…. 너희 하늘 아버지께서 이 모든 것이 너희에게 있어야 할 줄을 아시느니라."마6:31~32 또한 양들에게 필요한 것은 바로 그들이 갈증이 난 목을 축여야 할 물입니다. 목자는 어디에 물이 있는지 알고 있습니다. 그리고 양들을 그리로 인도하십니다. 잔잔한 물, 마시기에 안전한 물로 인도하신다는 것입니다. 우리 주님이 바로 그 물입니다. "누구든지 목마르거든 내게로 와서 마셔라 나를 믿는 자는 성경에 이름과 같이 그 배에서 생수의 강이 흘러나오리라."요7:37b~38 목이 마르면 찾아가 마실 수 있는 생수가 되시는 우리 주님이십니다.

험한 산속이나 골짜기에서 양들에게 필요한 것이 또 있습니다. 그것은 그들의 안전입니다. 목자가 그들을 지켜 주는 것입니다. 낭떠러지나 계곡 속에 파여 있는 웅덩이로부터 보호가 필요합니다. 이리나 늑대 혹은 험하고 무서운 짐승으로부터 양을 보호해 주는 일도 바로 목자의 일입니다. 이처럼 우리 인생 여정 가운데 우리를 보호해 주실 목자가 있다는 것입니다. 우리가 어디를 가도 우리와 함께 계시며 도우시는 주님이십니다.마28:20 그분이 우리 영혼을 소생시키시고 우리를 의의 길로 인도하시는 분이십니다.

사순절 기간 고난을 당하시고 십자가에 길을 가신 주님이 바로 우리의 목자이십니다. 선한 목자이십니다.요10:14 "그분은 우리에게 생명을 얻게 하고 더 풍성히 얻게 하시기 위해 오신 선한 목자이십니다."요10:10 선한 목자는 양들을 위해 생명을 버리는 자입니다.요10:11 주님이 지신 십자가 덕분에 우리는 생명을 얻었습니다. 그리고 그분이 보내주신 성령으로 말미암아 우리는 더 풍성한 생명을 소유한 자들입니다.

우리가 해야 할 일은 바로 우리를 인도하시는 목자의 음성을 듣고 따르는 일입니다. "양은 그의 음성을 듣나니 그가 자기 양의 이름을 각각 불러 인도하여 내느니라. 자기 양을 다 내 놓은 후에 앞서 가면 양들이 그의 음성을 아는 고로 따라오되."요10:3~4

십자가의 길을 가신 주님은 이제 우리 앞서 우리를 인도하십니다. 우리는 그분의 음성을 잘 듣고 따라가는 일만 남아 있습니다. 그 길이 다다르는 곳은 푸른 초장 쉴만한 물가입니다. 잘 따라가 봅시다. 쉼이 필요하죠? 목을 축일 잔잔한 물가로 말입니다.

적용을 위한 기도

목자 되신 주님. 제가 오늘 당신의 음성을 잘 듣게 귀를 열어 주시고, 겸손히 따르도록 용기를 주옵소서. 예수님의 이름으로 기도합니다. 아멘

다 나를 버리리라

그때에 예수께서 제자들에게 말씀하셨다. "오늘 밤에, 너희가 모두 나를 버릴 것이다. 성경에 기록하기를 '내가 목자를 칠 것이니, 양 떼가 흩어질 것이다' 하였다. 마태복음26:31

묵상을 위한 기도

신실하신 아버지 하나님! 오늘도 변함없이 은혜와 사랑을 베푸셔서 저희 생명이 힘을 얻고 새날을 시작하게 하시니 감사를 드립니다. 진리의 말씀을 통해 당신의 뜻을 깊이 분변하도록 성령을 부어 주소서. 예수님의 이름으로 기도합니다. 아멘

본문묵상 본문을 여러 번 읽어 예수님의 마음을 느끼는 시간이 되도록 합시다.

마태복음 26:31-35

31. 그때에 예수께서 제자들에게 말씀하셨다. "오늘 밤에, 너희가 모두 나를 버릴 것이다. 성경에 기록하기를 '내가 목자를 칠 것이니, 양 떼가 흩어질 것이다' 하였다. 32. 그러나 내가 살아난 뒤에, 너희보다 먼저 갈릴리로 갈 것이다." 33. 베드로가 예수께 말하였다. "모두가 주님을 버릴지라도, 나는 절대로 버리지 않겠습니다." 34. 예수께서 그에게 말씀하셨다. "내가 진정으로 너에게 말한다. 오늘 밤에 닭이 울기 전에, 네가 세 번 나를 모른다고 할 것이다." 35. 베드로가 예수께 말하였다. "내가 선생님과 함께 죽는 한이 있을지라도, 절대로 선생님을 모른다고 하지 않겠습니다." 그리고 다른 제자들도 모두 그렇게 말하였다.

시간이 다가옵니다. 오늘 밤이 되면 예수님께서는 철저히 혼자가 되실 것입니다. 심지어 제자들까지도 당신을 떠날 것을 아신 주님이십니다. 지금까지 3년 동안 제자들과 함께했던 예수님입니다. 누구보다도 제자들을 잘 아시는 주님이십니다. 그 제자들이 오늘 밤에 다 흩어질 것을 알고 계시는 주님이십니다. 왜냐하면 "목자가 잡힐 것이요, 그 양떼들은 흩어질 것이라"슥13:7고 성경이 말하고 있기 때문입니다. 성경에서 기록된 대로 인자가 십자가에 달려 죽임을 당할 것을 아시는 주님께서 당신의 제자들이 어떻게 될 것인지 잘 알고 계셨습니다.

그래서 제자들에게 말씀하십니다. 오늘 밤 너희가 모두 나를 버릴 것이다. 예수님의 마음에 고통과 절망이 다가옵니다. 견딜 수 없는 고독과 슬픔이 엄습해 오고 있음을 느끼시는 주님이십니다. 가슴으로 흐느끼며 십자가의 길을 받아들이시는 주님이십니다. 모든 사람이 느끼시는 것처럼 고독과 슬픔, 절망과 두려움을 느끼시는 주님이십니다.

제자들이 이 말씀을 듣고 서로 말합니다. 아니 도대체 왜 주님은 잡힌다는 말만 하는지 몰라. 다른 은혜롭고 능력이 있는 말씀을 좀 하시지 그러실까? 지금까지 선포하셨던 하나님나라, 하나님의 능력과 권능이 있는 그런 나라에 대해 말씀하시면 안 되나? 요즘 따라 왜 자주 죽음에 대해서만 말씀하고 계시지? 주님이 많이 약해지신 것 아닌가? 우리가 주님을 잘 모시지 못하는 것은 아닌가? 이런저런 생각에 빠져드는 제자들입니다. 제자들도 예수님의 고통의 비통이 마음깊이 느껴지고 있습니다. 이런 분위기는 지금까지 처음입니다. 정말 무슨 일이 일어날 것만 같습니다. 폭풍이 몰아쳐 오기 전에 그 무서운 적막감과 어둠처럼 제자 공동체의 분위기는 축 가라앉아 있습니다.

너희가 다 나를 버릴 것이라는 말을 하시는 예수님은 힘이 없으셨습니다. 모든 세상의 짐을 지고 가는 양처럼 그렇게 지치고 힘들어 보이셨습니다. 그러나 갑자기 예수님의 얼굴에 핏기가 돌고, 두 눈은 반짝반짝 빛나는 것 같았습니다. 그 순간 예수님이 힘 있고 소망에 찬 목소리로 이렇게 외칩니다. "그러나 내가 살아난 후에 너희보다 먼저 갈릴리로 가리라" 죽임을 당하지만, 다시 살아나시겠다는 주님의 말씀입니다. 그리고 제자들보다 먼저 앞서 갈릴리로 가시겠다는 주님이셨습니다. 다 흩어질 제자들과 함께 다시 만나게 될 날을 약속하고 계시는 주님이십니다. 내가 너희를 버리지 않고 함께 하시겠다는 주님의 약속을 지키시겠다는 말씀이며 너희를 변함없이 인도하시겠다는 말씀입니다. 그러나 이 말씀이 아직은 제자들에게 크게 들리지 않습니다. 그저 주님이 죽임을 당할 것이며 자신들이 주님을 떠날 것이라고 한 말씀에 그들의 마음이 멈추어 있습니다.

"너희가 다 나를 버리리라"31절는 말에 성질이 급한 베드로가 말합니다. 무슨 말씀을 하십니까? "모두 주를 버릴 지라고 나는 절대 버리지 않겠습니다."33절 아마 이 순간만은 베드로에게 있어서 진심이었을 것입니다. 그럴 것이라고 자신했을 것입니다. 그러니 예수님이 잡히시던 그곳에서 칼을 사용하여 대제사장 종의 귀를 쳐서 떨어뜨리지 않았습니까?마26:51 또한 베드로만이 대제사장의 집 뜰까지 가지 않았습니까?마26:69 이런 베드로조차도 예수님을 부인할 것을 주님은 말씀하십니다. 그래 네가 오늘 밤 닭이 울기 전에 나를 세 번씩이나 부인하리라. 아닙니다. '주님. 내가 주님과 함께 죽을지언정 주를 부인하지 않겠나이다.' 35절 입을 꽉 깨물면서 힘주어 말하는 베드로의 마음은 떨리고 무서웠습니다. 왜냐하면, 누구보다도 자신을 잘 아는 주님이 말씀하고 계시기 때문입니다.

누구에게도 보호를 받지 못하고 철저히 혼자가 되시는 주님이십니다. 세상의 모든 사람의 죄를 담당하고 십자가에서 죽임을 당하시기 위해 비참하게도 혼자가 되시는 주님을 보게 됩니다. 사랑하는 제자들에게까지 버림을 당하시는 주님은 누구에게도 의지할 자가 없습니다. 이제 홀로 하나이신 하나님만이 의뢰자이며 호소할 대상이 되었습니다. 이 땅에서는 철저히 버림을 받으시는 주님이십니다. 그분이 가신 길은 나 홀로 길이었습니다. 누구도 함께하지 않은 길이었습니다. 그래서 외로운 길이었습니다. 그러나 그 길 뒤에는 바로 부활이 기다리고 있었습니다. 홀로 걸어가시는 십자가의 길이지만 소망이 있습니다. 모든 사망 권세를 이기시고 부활하실 것이기 때문입니다.

예수님께서 가신 길은 철저히 절망과 고독의 길이었습니다. 그러나 그 길은 모든 사람의 생명의 길이었습니다. 철저히 혼자이셨던 주님은 나홀로의 외로움을 아시기에 우리를 홀로 두지 않으실 것입니다. 어디를 가든지 우리와 함께 계실 것입니다. 절망과 좌절이 기쁨과 소망이 되는 길을 주님은 홀로 가셨습니다. 사순절 기간 주님의 마음을 경험해 보십시오. 홀로 가신 주님의 고독 가운데서 당신과 영원히 함께하시는 주님의 사랑과 헌신을 느끼시지 않으십니까? 오늘도 저와 사랑하는 지체들은 홀로 있지 않습니다. 주님이 계십니다.

적용을 위한 기도

철저히 혼자가 되셨던 주님께서 저희와 항상 함께 계셔 주셔서 감사합니다. 홀로 있는 이웃을 돌아보며 함께 하는 시간을 갖게 하소서. 예수님의 이름으로 기도합니다. 아멘

저기 가서 기도할 동안에

그때에 예수께서 제자들과 함께 겟세마네라고 하는 곳에 가서, 그들에게 "내가 저기 가서 기도하는 동안에, 너희는 여기에 앉아 있어라" 하시고 마태복음 26:36

묵상을 위한 기도

신실하신 하나님 아버지! 오늘도 새 날과 새 생명을 주셔서 감사합니다. 성령을 부어 주셔서 마음과 귀를 열고 주님의 기이한 법을 깨닫게 하시고, 삶에서 말씀의 능력을 경험하는 하루가 되게 하소서. 예수님의 이름으로 기도합니다. 아멘

본문묵상 본문을 여러 번 읽어 예수님의 마음을 느끼는 시간이 되도록 합시다.

마태복음 26:36, **누가복음** 22:39

그때에 예수께서 제자들과 함께 겟세마네라고 하는 곳에 가서, 그들에게 "내가 저기 가서 기도하는 동안에, 너희는 여기에 앉아 있어라" 하시고마26:36

예수께서 나가서, 늘 하시던 대로 올리브 산으로 가시니, 제자들도 그를 따라갔다.눅22:39

유월절 저녁 식사를 마치시고 주님은 늘 하시던 습관을 따라 올리브산(감람산)을 향해 가셨습니다. 제자들과 마지막 식사를 한 곳에서 그리 멀지 않은 곳입니다. 예루살렘을 내려다 볼 수 있는 그런 곳입니다. 예수님께서 낮에는 성전에서 가르치시고 밤에는 이 감람산에서 쉬셨던 곳입니다.눅21:37성전에서 가르치시느라 지친 몸을 이끌고 감람산으로 오셔서 주님은 예루살렘을 내려다보시며 여러 생각을 하셨던 그런 곳입니다. 또한, 예루살렘을 내려다보시며 마음의 눈물을 한없이 흘렸던 곳입니다. 오늘따라 많은 불빛이 눈에 들어옵니다. 그리고 유월절을 보내려고 모여든 많은 사람이 밤이 늦도록 떠들면서 복잡한 거리를 메우는 모습이 예수님의 맺힌 눈방울에 아롱져 비쳐옵니다. 이런 예루살렘을 내려다보시면 예수님은 조용히 눈을 감으시며 하나님 아버지께 이렇게 기도하셨을 것입니다. 오! 아버지 하나님 제게 힘을 주십시오. 당신의 뜻을 이루고자 이 길을 가

는 데 지치고 힘이 듭니다.

감람산, 이곳은 예수님이 자주 오셔서 기도하시던 곳입니다. 지친 몸을 이끌고 와서 하나님 아버지와 대화하던 곳입니다. 예수님이 사역의 힘을 얻던 곳이며, 하나님 아버지의 뜻을 구하던 곳입니다. 남들이 다 잠들고 있을 때 예수님은 하나님 아버지 앞에 예루살렘을 위해 기도하던 곳입니다. 영적이 힘을 얻던 곳이며, 사역의 방향을 찾아 나가던 거룩한 곳이기도 합니다. 이곳이 오늘따라 왜 이리 낯설게 느껴지는지 모르겠습니다. 늘 친근했던 올리브 나뭇가지들조차 쓸쓸하게 보이고 늘 정겹던 밤하늘조차 더 어둡게 느껴집니다. 기도하러 올라올 때면 언제나 반갑게 손을 흔들며 맞이하던 올리브 가지들이 아닙니까? 예수님의 밤길을 환히 비추며 지치고 힘든 어깨에 따스한 빛을 비추어 주던 달과 별이 아니었습니까? 그런데 오늘따라 왜 이리 침울해 보이고 공기는 스산하게 느껴지는지요? 온 만물의 주인이신 주께서 십자가에 달리실 것을 알기 때문일까요?

이 감람산에 오늘은 동행이 있습니다. 예수님께서 이곳에 오실 때면 가끔 함께 왔을 제자들입니다. 그러나 오늘처럼 모든 제자가 함께 있었던 때는 그리 많지 않았습니다. 예수님은 제자들에게 말씀하십니다. "내가 저기 가서 기도할 동안에 너희는 여기 앉아 있으라." 늘 하시던 습관대로 기도하시는 것이지만 오늘은 좀 다르십니다. 그 모습이 많이 지쳐 보이십니다. 힘들어 보이십니다. 양 어깨에는 세상 모든 사람의 죄를 다 짊어지신 것 같이 축 쳐져 계십니다. 그리고 무엇인가 특별히 기도해야 할 내용이 있으신 양 제자들에게 말씀하십니다. "내가 저기 가서 기도할 동안에…." 무슨 기도를 하시려고 가시는 것일까? 제자들은 궁금해하지도 않은 듯 그냥 그 자리에 앉습니다. 멀찍이 떨어져 있으면서 예수님의 기도하시는 모습이 보입니다. 두 손을 모으시고, 무릎을 땅에 꿇으시고 간절하게 무엇인가를 기도하시는 주님이십니다.

주님은 무슨 기도를 하셨을까요? 평상시에는 오늘 하나님께서 베푸셨던 놀라운 기적과 능력을 생각하며 감사와 찬양의 기도를 드렸을 것입니다. 당신을 통해 행하시는, 하나님의 말로 표현할 수 없는 능력과 역사를 높이며 경배하는 기도를 드리셨을 것입니다. 그뿐만 아니라 오늘 만났던 사람들을 떠올리며 기도하셨을 것입니다. 병자들과 고아와 과부들을 떠올리며 하나님 아버지께 중보 하셨을 것입니다. 제자들 한 명, 한 명 이름을 불러 가며 그들의 인격과 마음이 하나님 마음에 합하도록 고쳐지고 다듬어지도록 그리고 그들의 믿음이 성장하도록 기도하셨을 것입니다. 예루살렘과 백성을 위해 간절히 기도하셨을 것입니다. 무엇보다도 온 세상의 평화와 회복을 위해 기도하셨을 것입니다. 그런데 오늘은 특별히 당신 자신을 위해 기도하시는 예수님이십니다. 당신이 지고 가셔야 할 십자가의 길이 험난하고 고통스러운 길이기에 피하고 싶은 마음을 하나님 아버지 앞에 토로하고 힘과 능력을 위해 기도하고 계시는 주님이십니다.

늘 하시던 습관대로 기도하시는 주님이셨습니다. 기도가 예수님의 영적인 사역의 힘을 공급받는 통로였을 것입니다. 그것이 규칙적으로 몸에 생활화되어 계신 예수님이십니다. 그러기에 고통의 길, 십자가의 길을 가는 이 순간에도 묵묵히 하던 습관대로 기도를 드리고 계시는 것입니다. 기도의 습관은 참으로 필요합니다. 바쁘고 지쳐 있을 때도 쉬지 않고 해야 하는 것이 기도입니다. 하나님의 뜻을 구하고, 하나님의 일을 할 힘과 능력을 위해서도 필요한 것이 바로 기도입니다. 예수님께서 모진 고통과 핍박이 놓여 있는 십자가의 길을, 피하지 않고 가기 위한 출발점은 바로 이 기도였습니다. 기도 없이는 하나님의 능력을 행할 수 없습니다.

주님은 십자가에 달리 시기 전 평상시대로 기도하시는 일을 멈추지 않으셨습니다. "저기 가서 기도할 동안" 제자들은 무엇을 하였을까요? 너무 유월절 음식을 많이 먹어 잠을 자고 있지 않았을까요? 그러나 제자들이 앉아 있는 동안 주님은 무릎을 꿇고 기도하셨습니다. 오늘 우리가 쉬는 동안 주님은 우리를 위해 지금도 쉬지 않고 기도하고 계십니다. 당신은 오늘도 당신을 위해 기도하시는 주님을 만나고 계십니까?

묵상 위한 기도

주님! 저도 주님의 기도하시는 동안 앉아 있지 않고 기도하는 사람이 되게 하소서. 당신이 습관대로 기도하셨던 것처럼 저도 기도의 습관이 생기도록 성령을 부어 주시고, 잘 감당할 용기와 힘을 허락해 주십시오. 예수님의 이름으로 기도합니다. 아멘

내 마음이 몹시 고민하여

그때에 예수께서 그들에게 말씀하셨다. "내 마음이 괴로워 죽을 지경이다. 너희는 여기에 머물러 나와 함께 깨어 있어라." 마태복음26:38

묵상을 위한 기도

　참 좋으신 성삼위 하나님 아버지! 주님께 오늘 하루도 감사와 찬양으로 시작합니다. 성령을 통해 우리의 마음과 영을 새롭게 하시고, 주의 말씀의 기이한 법을 깨달아 그리스도를 알고 그 안에서 믿음과 사랑이 자라는 하루가 되게 하소서. 예수님의 이름으로 기도합니다. 아멘

본문묵상 본문을 여러 번 읽어 예수님의 마음을 느끼는 시간이 되도록 합시다.

마태복음 26:37~38

37. 베드로와 세베대의 두 아들을 데리고 가서, 근심하며 괴로워하셨다. 38. 그때에 예수께서 그들에게 말씀하셨다. "내 마음이 괴로워 죽을 지경이다. 너희는 여기에 머물러 나와 함께 깨어 있어라."

겟세마네 동산에 이른 주님은 함께 온 제자들을 한번 살펴보십니다. 그리고는 더 근심에 빠져드십니다. 그곳에 있어야 할 제자 한 명이 결국은 보이지가 않습니다. 가룟 유다가 없습니다. '기어코 일을 저지르고 마는구나!' 라고 주님은 속으로 생각하셨을지 모릅니다. 참으로 묘한 것은 성경의 어느 저자도 가룟 유다가 어디를 갔느냐고 다른 제자들이 예수님께 물어보는 대사가 없다는 것입니다. 함께 있어야 할 제자가 그 자리에 없는데 왜 다른 제자들은 관심이 없을까요? 아마도 예수님의 제자 공동체는 자유공동체였는지 모릅니다. 자발적인 동기에 의해 따르는 공동체이기에 자신이 빠져나갈 때 그냥 자유롭게 공동체를 이탈할 수 있는 그런 공동체였을 것입니다. 아니면 가룟 유다는 자주 공동체에서 빠지는 시간이 많았을지 모릅니다. 그것은 예수님의 가르침이나 교훈에 깊이 집중하여 자신의 삶을 돌아보지 않았다는 증거일 수도 있습니다. 그래서 예수님도 다

른 제자들에게 가룻 유다가 어디 있느냐고 묻지 않으셨는지도 모릅니다.

제자들을 한번 돌아보신 주님은 "너희들은 여기에 앉아 있어라"마26:36라는 말씀을 하시고 나서 베드로와 야고보와 요한을 데리고 조금 더 나아가십니다. 그리고 그들에게 이렇게 말씀하십니다. "내 마음이 죽을 만큼 괴롭구나. 너희는 여기 머물러 나와 함께 깨어 있어라." 죽을 만큼이나 괴로우신 주님이십니다. 지금까지 누구에게도 이런 모습을 보이신 적이 없습니다. 늘 강하고 힘이 있어 보이시고 소망과 생명력이 넘쳐나는 분이셨습니다. 천국의 진리를 가르치시고 선포하실 때는 위엄과 권위가 있어서 사람들을 놀라게 하셨던 주님이셨습니다. 변화 산에서 내려오실 때에는 광채가 나시면서 하늘의 권세를 가지신 분 같아 보였던 예수님이십니다. 그런 예수님이 베드로와 야고보 요한에게 말씀하십니다. "내 마음이 매우 고민한다. 나와 함께 깨어서 있어다오."

"내 마음이 매우 고민한다." 무엇 때문에 고민하셨을까요. 앞으로 당하게 되실 심한 고문과 십자가를 지고 가셔야 하는 엄청난 고통에 대한 고민이셨을 것입니다. 한 사람이 죽어 많은 사람의 대속물이 되시는 것이기에 기쁨도 있지만, 그 고통은 사람이 견딜 수 없는 참혹한 고통입니다. 채찍에 맞으시고, 가시관을 쓰시며, 창에 찔리는 일을 당하셔야 하는 아픔입니다. 이 참혹하고 끔찍한 십자가를 내가 꼭 져야 하나 하는 고민이셨을 것입니다. 하나님의 아들로서 이렇게 십자가를 지지 않아도 될 방법이 없을까 하는 피하고 싶은 마음에서의 고민이었을 것입니다. 그러나 이 길이 아니고는 온 백성의 죄를 지고 가는 다른 방법이 없기에 고통스럽고 고민이 되셨을 것입니다. 그리고 심히 고민이 되는 것은 홀로 그 길을 가야 하기 때문이었을 것입니다. 모두에게 버림을 받으며 가야 하는 십자가의 길이었기 때문입니다. 사람들과 제자들 그리고 심지어 하나님 아버지로부터 버림을 받는 이 길을 가는 것이 참으로 견디기 어려운 길이었을 것입니다. 그래서 제자들에게 말씀하십니다. "내가 심히 고민된다"

"너희는 여기 머물러 나와 함께 깨어 있으라." 예수님은 당신의 아주 심각한 고민을 제자들에게 말씀하고 있습니다. 이미 제자들이 당신을 다 버리고 떠날 것을 아신 주님이시지만 다시 한 번 그들에게 희망을 거시며 이야기하시는 것일 수도 있습니다. 마음의 번민과 고통을 당신의 제자들에게 내어 놓으시는 모습입니다.

그리고 제자들에게 부탁합니다. 너희는 여기 머물러 나와 함께 깨어 있으라. 주님이 요청하십니다. 심히 고통스러운 십자가의 길을 가기 위한 결단을 해야 합니다. 이 귀중한 결단을 예수님, 당신 혼자 내리시기가 쉽지 않으셨을 것입니다. 그래서 제자들에게 부탁하십니다. "나와 함께 깨어서 기도해 주어라. 내가 이 길을 피하지 않고 그 무서운 십자가의 길을 잘 갈 수 있도록 말이다." 십자가를 지고자 결단을 하실 때 제자들에게 당신의 마음을 표현해 주신 예수님의 모습은 참으로 인간적이십니다. 하나님의 아들로 신적인 속성 때문에 편하게 십자가의 길을 가신 것이 아니라 우리와 같은 성정으로 고통과 번민을 하시며 십자가의 길을 가고 계신 주님이심을 보여주는 것입니다. "너희는 나와 함께 깨어 있으라."

주님은 당신 곁에 있어줄 사람들을 찾고 계십니다. "내가 심히 고민이 되는구나. 나와 함께 있어주지 않겠니?" 누군가의 도움이 필요하셨던 주님이셨습니다. 그래서 제자들에게 부탁하고 계신 주님이십니다. 나의 고민을 함께 지고 갈 사람들이 되지 않겠니? 아니 함께 십자가를 지고 가기는 어렵다 하더라도 기도하면서 깨어서 지켜봐 줄 사람이 필요하신 주님이셨을 것입니다. 그래서 제자들에게 요청하십니다. "나와 함께 깨어 있어라."

이런 경험을 하신 주님은 우리가 지금 겪는 고민과 고통을 외면하실 분이 아니십니다. 우리가 고민에 싸이고 고통 가운데 있을 때 주님은 우리와 함께 그 고민과 고통 속에 깨어서 계시는 분이십니다. 십자가의 길을 가시려고 고민하셨던 경험이 있으신 그분이 내 곁에 계시다는 것입니다. 나의 고통을 다 아시고 말입니다. "나와 함께 깨어 있으라고" 요청하셨던 주님은 오늘 내가 요청하시면 그곳에 함께 계실 주님이십니다. 나의 고통을 외면하시지 않고 함께 깨어 계실 주님을 기억하며, 오늘 주님의 함께 하심을 경험해 보시기 바랍니다.

적용을 위한 기도

주님! 제게 성령을 부어 주셔서 주님과 함께 깨어 있는 하루가 되게 하소서. 그리고 나의 고민과 고통 가운데 깨어서 함께 계시는 주님을 깊이 경험하는 하루가 되게 하소서. 예수님의 이름으로 기도합니다. 아멘

잔과 기도-순종을 위한 부르짖음

예수께서는 조금 더 나아가서, 얼굴을 땅에 대고 엎드려 기도하셨다. "나의 아버지, 하실 수만 있으시면, 이 잔을 내게서 지나가게 해주십시오. 그러나 내 뜻대로 하지 마시고, 아버지의 뜻대로 하십시오." 마태복음26:39

묵상을 위한 기도

　평화의 성삼위 하나님 아버지! 오늘도 감사와 찬양을 주님께 드리며 하루를 시작합니다. 성령을 부어 주셔서 저의 귀와 마음이 열려서 말씀의 진리를 깊이 깨닫고, 그 말씀에 순종할 수 있는 지혜와 능력을 허락해 주십시오. 예수님의 이름으로 기도합니다. 아멘

본문묵상 본문을 여러 번 읽어 예수님의 마음을 느끼는 시간이 되도록 합시다.

마태복음 26:39, 42

39. 예수께서는 조금 더 나아가서, 얼굴을 땅에 대고 엎드려 기도하셨다. "나의 아버지, 하실 수만 있으시면, 이 잔을 내게서 지나가게 해주십시오. 그러나 내 뜻대로 하지 마시고, 아버지의 뜻대로 하십시오."

42. 예수께서 다시 두 번째로 가서, 기도하셨다. "나의 아버지, 내가 마시지 않고서는 이 잔이 내게서 지나갈 수 없는 것이면, 아버지의 뜻대로 하십시오."

제자들에게 "나와 함께 깨어 있으라"마26:38고 요청하신 주님은 조금 더 나아가 얼굴을 땅에 대고 엎드려 기도하시기 시작하십니다. 당시의 기도 습관은 사람들이 눈을 뜨고 하늘을 쳐다보며 기도하는 습관이었습니다. 그러나 주님은 얼굴을 땅에 대고 엎드리어 기도하셨습니다. 그토록 힘들고 어려운 길을 가시려고 하니 심히 고민되고 슬픔이 다가옵니다. 견딜 수 없는 마음의 고통을 안고, 땅에 엎드려 기도하는 주님의 모습입니다. 그러나 이것은 또한 겸손함과 함께 순종을 위한 출발의 모습이기도 합니다. 엎드린다는 것은 지금도 그렇지만 예수님 당시에는 낮고 천한 종이 상전 앞에서 늘 고개를 들지 못하고 엎드려서 섬기

며 주인의 일을 행했던 모습입니다. 오늘 얼굴을 땅에 대고 엎드려 기도하는 예수님의 모습은 마치 그 당시 종들이 주인에게 행하던 모습과 비슷합니다. 이 모습은 하늘의 보좌를 버리시고 온 백성을 구원하시기 위해 이 땅에 오신 주님께서 겸손히 하나님의 뜻을 순종하는 모습입니다. 고통의 십자가를 지기 위한 몸부림이십니다. 순종을 위한 간절한 절규이십니다.

하나님 아버지께 예수님은 당신의 마음을 고백합니다. 이 마시려고 하는 잔이 너무도 가혹하고 쓰기에 "아버지여 하실 수 있거든 이 잔을 내게서 지나가게 하옵소서." 가능하면 안 마시고 싶은 잔입니다. 할 수 있으면 십자가를 지는 길을 피하고 싶은 인간적 고통을 토로하시는 주님이십니다. "왜 내가 이 잔을 마셔야 하느냐?"라고 묻지 않으십니다. 가끔 우리는 어려움을 당하거나 힘든 일이 생길 때 "왜?"라고 질문합니다. 왜 내게 이런 일이, 혹은 왜 내가 이 일을. 그러나 왜 라는 것은 인간적 조건을 생각하는 데서 비롯되는 출발이고 다른 사람과 비교하는 시각에서 출발하는 기도의 모습입니다. 주님은 왜 내가 져야 합니까? 라고 묻지 않으시고 할 수 있다면, "이 길을 피할 수 있으면 좋겠습니다"라고 기도하고 계십니다. 주님께서 가시는 이 길을 내게서 피해지면 좋겠다고 말씀하고 계시는 것입니다.

그런데 우리 주님은 여기서 멈추지 않습니다. 주님이 하실 수 있으면 이 잔을 피하고 싶다고 말씀하시지만, 여기에서 주님은 한 단계 더 나아가 이렇게 기도하십니다. "그러나 나의 원대로 마옵시고 아버지의원대로 하옵소서." 기도 속에서도 아버지의 뜻을 이루는 것을 원하고 있습니다. 아버지의 뜻이 땅에서도 이루어지기를 원하시는 주님이 가르쳐 주신 기도를 생각나게 합니다.마6:10 그런데 우리의 기도는 어떠합니까? '주님 당신은 이렇게 제게 하라고 하시는데 할 수 있으면 저는 이렇게 되기를 원합니다' 라고 역으로 말하지 않습니까? 주님의 기도는 전적으로 아버지의 뜻을 이루는 것이었습니다.

순종은 고통을 동반합니다. 아버지 뜻을 따르고자 주님은 얼굴을 땅에 대고 간절히 기도합니다. 주님의 순종의 출발은 기도에서부터 시작되고 있습니다. 기도의 힘이 아버지의 뜻을 따르는 힘이 됩니다. 기도를 통해 주님은 피할 길을 찾는 것이 아니라 순종의 길을 찾고 계시는 것입니다. "내 아버지여 할 만하시거든"

(39절) 이라고 주님은 표현하십니다. 아버지 하나님께서 못하실 일이 없으신 것을 다 아시는 주님이십니다. 그런데 왜 이렇게 표현했을까요? 그것은 이것이 참으로 꼭 예수님께서 지셔야 하는 십자가라는 것을 의미합니다. 제가 꼭 져야 하는 것을 압니다. 그런데 '안 지면 안 되나요?' 라는 물음입니다. '너무 가혹하고 힘든 고통의 길인 것을 다 아시잖아요! 그러니 안 지고 다른 길은 없나요?' 라는 물음입니다. 그러나 아버지의 뜻대로 하십시오. '아버지의 원이 이루어지는 것에 더 관심이 있습니다. 아버지의 뜻이 이루어지는 것이라면 순종하며 가겠습니다' 라고 고백하고 계시는 주님이십니다.

주님의 기도는 그냥 형식적, 종교적 행사가 아니었습니다. 누가는 이 주님의 기도 모습을 이렇게 기록하고 있습니다. "애써 더욱 간절히 기도하시니 땀이 땅에 떨어져 핏방울같이 되더라"눅22:44라고 말하고 있습니다. 주님의 기도는 십자가의 길을 가려고 아버지 하나님 앞에서 힘을 얻는 기도였습니다. 땀을 흘리며 간절히 기도하는 노동의 시간이었습니다. 주님의 기도는 십자가의 길을 가는 고통을 위한 출발이었습니다. 순종은 헌신입니다. 순종은 노동입니다. 순종은 나를 내려놓는 길입니다. 순종은 하나님의 뜻을 이루는 힘입니다. 예수님의 십자가를 지기 위한 기도는 아버지의 뜻을 이루기 위한 헌신이며 순종의 시작이었습니다. 주님의 순종은 우리에게 구원의 기쁨을 허락하셨습니다. 주님의 순종은 우리에게 새 생명을 선물로 허락해 주셨습니다. 주님의 순종은 온 세상을 평화로 이르는 길을 열어 놓으셨습니다. 순종은 새로운 세계를 여는 길입니다. 오늘도 주님이 순종하는 모습처럼 저와 여러분이 순종하는 삶을 통해 하나님의 뜻이 이 땅에 이루어지는 역사를 경험하기를 원합니다.

적용을 위한 기도

주님 당신의 기도는 순종을 위한 헌신의 시간이었습니다. 저희도 주님처럼 기도하는 삶을 통해 하나님 말씀에 즐거이 순종하는 삶이 되도록 성령의 힘과 능력을 허락하여 주소서. 예수님의 이름으로 기도합니다. 아멘

한 시간도 나와 함께

그리고 제자들에게 와서 보시니, 그들은 자고 있었다. 그래서 베드로에게 말씀하셨다. "이렇게 너희는 한 시간도 나와 함께 깨어 있을 수 없느냐?" 마태복음 26:40

묵상을 위한 기도

사랑의 성삼위 하나님 아버지! 오늘도 찬양과 감사를 주님께 돌리며 하루를 시작합니다. 주의 오묘한 말씀을 묵상합니다. 주의 성령이 제게 임하여 마음과 귀가 열려서 바르게 깨닫고 삶 가운데 말씀의 능력을 경험하며 이웃에게 실천하는 하루가 되게 하소서. 예수님의 이름으로 기도합니다.

본문묵상 본문을 여러 번 읽어 예수님의 마음을 느끼는 시간이 되도록 합시다.

마태복음 26:40~41

40. 그리고 제자들에게 와서 보시니, 그들은 자고 있었다. 그래서 베드로에게 말씀하셨다. "이렇게 너희는 한 시간도 나와 함께 깨어 있을 수 없느냐? 41. 시험에 빠지지 않도록, 깨어서 기도해라. 마음은 원하지만, 육신이 약하구나!"

예루살렘에서 주님은 열심을 다해 일하셨습니다. 성전에 들어가 매매하는 자들을 물리치시며 성전을 깨끗하게 하셨습니다. 나면서부터 눈먼 자와 각양의 병든 자들을 고쳐 주셨습니다. 천국에 대해 밤새 가르치셨습니다. 그리고 유월절을 보내셨습니다. 이 모든 일은 바로 주님이 지고 가실 십자가로 가는 길이었습니다. 몸은 여러 일로 바쁘고 지치시지만, 마음속에 분명한 한 가지가 있으셨습니다. 그것은 당신께서 대제사장과 장로들 그리고 서기관들과 많은 사람에게 능욕을 당하고 십자가에 못 박혀 죽을 것과 삼 일 만에 무덤에서 다시 살아날 것이라는 것이었습니다. 그리고 그 십자가의 쓴잔을 마셔야 하는 고통 가운데서도 주님은 아버지 하나님께 간절히 기도하고 계셨습니다. "이 잔을 내게서 지나가게 하옵소서. 그러나 나의 원대로 마옵시고 아버지의 원대로 하옵소서."마26:39

땀이 핏방울이 되도록 간절히 기도하고 돌아와 보니 제자들이 자고 있습니다.

나와 함께 깨어 있어 달라고마26:38 부탁을 하였건만 제자들은 잠에 빠져 있습니다. 잠을 자는 제자들을 바라보며 어떤 마음이 드셨을까요? 너희는 참으로 너무 하는구나. "마음이 심히 고민하여 죽게 되었다"마26:38고 한 내 말을 깊이 새겨듣지 못하였구나. 내가 조금 있으면 잡혀 죽는데도 너희는 그저 잠을 자는구나. 마음이 더 아프셨을 것입니다. 한 시간도 깨어 있을 수가 없다니. 지금 주님은 제자들의 기도의 힘이 필요합니다. 십자가의 쓴잔을 마시고자 나아가는 걸음에서 제자들의 지원이 필요합니다. '주님 혼자가 아닙니다. 저희가 있지 않습니까? 견디십시오. 주님은 하실 수 있습니다. 보십시오! 우리가 이렇게 깨어 주님을 위해 기도하고 있지 않습니까!' 라고 격려할 제자들이 아닙니까? 그런데 그들이 깊은 잠에 빠져 있습니다. 주님의 고통은 생각지 않고 말입니다.

안타깝게 제자들을 바라보시던 주님은 무겁게 입을 여십니다. "너희가 나와 함께 한 시간도 이렇게 깨어 있을 수 없더냐?" 한 시간이란 무엇입니까? 이제 잠시 후면 주님을 잡으러 사람들이 몰려 올 것입니다. 그 시간이 오기 전에 바로 몇 시간입니다. 아니 주님이 간절히 기도하는 그 순간일 수 있습니다. 지금 이 순간만이라도 깨어 있을 수 없더냐? 라고 말씀하고 계시는 것입니다. 주님을 파는 자가 오기 전 바로 이 시간. 주님은 십자가를 지기 위해 그 길을 참고 가야 할 결단을 내리셔야 합니다. 어떻게 이 길을 갈 것인가? 주님은 깊은 생각에 잠기셨을 것입니다. 기도 가운데서 '무기를 사용할까? 라는 지극히 인간적 생각도 하셨을지 모릅니다. 그러나 주님은 평화의 길을 택하셨습니다. 그 평화의 길은 바로 기도에서부터 시작되고 있습니다. 하나님 앞에서 기도하시던 주님은 하나님의 평화를 맛보셨을 것입니다. 그래서 이 십자가의 길이 평화의 길임을 깨닫고 묵묵히 그 길을 가시고자 결단하고 계셨을 것입니다. 이러한 주님의 커다란 결단을 위해 주님과 함께 깨어 있어 달라고 제자들에게 요청했건만 그들은 잠에 취해 있습니다. 주님은 이내 말씀을 이어가십니다.

내가 너희보고 나와 함께 깨어 있어 달라고 한 일이 무슨 뜻인지 아느냐? 그것은 다름이 아니라 시험에 들지 않기 위해서다. 여기 주님의 간절한 기도의 이유가 하나 있습니다. 그것은 유혹에 빠지지 않기 위해서였습니다. 주님께서 천국 복음을 전파하시는 사역을 시작하실 때 마귀가 예수께 나와 시험을 하였던 것을 기억하셨을 것입니다.마4:1~11 깨어 있지 않으면 시험에 든다는 것을 잘 아시는 주님이십니다. 안타까운 일은 제자 중의 한 명이 깨어 있지 못하여 지금 마귀의 시험에 빠져서 자기의 스승이신 예수님을 팔고 있지 않습니까? 눅22:3 주님은 당신이 시험에 들지 않도록 기도하셨을 뿐만 아니라 제자들에게도 시험에 들지 않도록 깨어 기도하라고 요청하고 계십니다.

깨어 기도하는 일은 참으로 중요합니다. 그래서 주님은 기도문에서 이렇게 가르치고 있습니다. "우리를 시험에 들게 하지 마옵시고."마6:13 우리는 자주 넘어집니다. 오늘 예수님께서 보신 제자들처럼 쉽게 피로하여 잠에 빠집니다. 이러한 때는 바로 마귀에게 시험의 기회를 열어 주는 것입니다. 감람산에 온 제자들은 지쳐 있었을 것입니다. 왜냐하면, 유월절 준비로 많이 분주했기 때문입니다. 며칠 동안 유월절 준비를 하느라 잠도 제대로 못 잤을지 모릅니다. 그래서 육신이 많이 피곤하였을 것입니다. 주님은 그들을 이해하셨을지 모릅니다. 그래서 이야기하십니다. "마음은 원이로되 육신이 약하도다." 앞으로 제자들에게 닥쳐올 일들을 생각하니 마음이 무너지시는 주님이십니다. 그래서 강하게 말씀하십니다. "마음은 원이지만 육신이 약하다. 그러나 이유가 되지 않는다. 시험을 이기려면 해야 할 일은 깨어서 기도하는 일이다."

주님은 당신이 당하실 십자가의 길을 걸어가시며 제자들이 겪게 될 시험을 생각하며 걱정하고 계십니다. 그리고 제자들에게 말씀하십니다. "깨어 기도하라." 제자들이 다가올 시험을 이길 힘은 깨어 기도하는 데서 얻게 되기 때문입니다. "시험에 들지 않기 위해 깨어 기도하라." 마지막까지도 제자들을 염려하고 걱정하는 예수님의 사랑을 발견합니다. 그리고 제자들이 시험을 이기기를 원하고 계십니다. "깨어 기도하라." "만물의 마지막이 가까웠으니 그러므로 너희는 정신을 차리고 근신하여 기도하라"벧전4:7

적용을 위한 기도

주님! 제가 날마다 주와 함께 깨어 기도함으로 시험에 들지 않도록 하소서. 성령을 부어 주셔서 기도의 즐거움과 기쁨을 맛보게 하소서. 사순절 기간에 기도하는 습관을 잘 가지도록 힘을 주소서. 예수님의 이름으로 기도합니다. 아멘

일어나자 함께 가자

"일어나서 가자. 보아라, 나를 넘겨 줄 자가 가까이 왔다." 마태복음26:46

묵상을 위한 기도

　은혜와 긍휼이 풍성하신 성삼위 하나님 아버지! 오늘 아침도 주님께 찬양과 감사로 예배하며 하루를 시작합니다. 성령을 부어 주셔서 당신의 기이한 말씀의 진리를 깨닫게 하소서. 그리고 삶 가운데서 말씀의 능력을 체험하며 이웃에게 그 말씀을 실천하며 살게 하소서. 예수님의 이름으로 기도합니다. 아멘

본문묵상 본문을 여러 번 읽어 예수님의 마음을 느끼는 시간이 되도록 합시다.

마태복음 26:43~46

43. 예수께서 다시 와서 보시니, 그들은 자고 있었다. 그들은 너무 졸려서 눈을 뜰 수 없었던 것이다. 44. 예수께서는 그들을 그대로 두고 다시 가서, 같은 말씀을 다시 하시면서, 세 번째로 기도하셨다. 45. 그리고 제자들에게 와서, 그들에게 말씀하셨다. "남은 시간을 자고 쉬어라. 보아라, 때가 가까이 왔다. 인자가 죄인들의 손에 넘어간다. 46. 일어나서 가자. 보아라, 나를 넘겨 줄 자가 가까이 왔다."

　흘러내리는 땀방울에 온몸이 젖으신 예수님이 다시 제자들에게 오셨습니다. 혹시나 깨어 있을까 하는 기대감으로 다가오신 주님은 그들이 잠에 빠진 것을 보셨습니다. "시험에 들지 않도록 깨어 있으라."마26:41고 일러 주었건만 제자들은 곤히 잠이 들어 있었습니다. 주님은 기도하시느라 힘이 드셨을 터인데 제자들의 감은 눈을 보셨습니다. 그리고 그들의 지친 눈을 발견하셨습니다. 그들의 눈이 많이 피곤함을 아신 주님은 조용히 그들이 자는 곳을 떠나 다시 기도하러 가십니다. 당신의 고통을 생각지 않고 자는 제자들에게 화를 내거나 꾸짖지 않으시고 그들의 지치고 피곤한 몸을 보시고 이해하시며 조용히 그들을 쉬게 하시

는 주님이십니다. 제자들을 먼저 생각하시는 주님이십니다. 당신의 몸이 지치더라도 제자들을 이해하고 넓은 사랑을 베푸시는 예수님이십니다.

잠들어 있는 제자들을 두고 세 번째 같은 기도를 하시는 주님이십니다. 한 번도 아니고 세 번씩이나 같은 말로 기도를 하시는 주님의 모습이 참으로 지쳐 보이십니다. 하나님께서 은밀히 기도하는 소리를 들으신다고마6:6 말씀하신 주님이십니다. 예수님의 기도를 지금까지 다 들어주신 하나님 아버지이십니다.요11:41~42 그런데 땀이 피처럼 보일 만큼 그렇게 간절히 기도하시는 주님의 기도에 하나님은 침묵하고 계십니다. 아들이 십자가에 못 막혀 죽임을 당하는 것이 바로 하나님 아버지께서 세상의 모든 이들을 구원하시는 계획이시며 사랑의 표현이기 때문이었습니다.요3:16; 롬5:8 이런 기도를 통하여 주님께서 하나님 아버지에게서 들은 음성은 무엇이었을까요? 아니 깨닫게 된 것은 무엇이었을까요? 그것은 "너는 내 사랑하는 아들이요 내 기뻐하는 자다."마3:17, 17:5 이었을 것입니다. 그리고 자라면서 어머니 마리아에게서 들었던 수태 이야기일 것입니다. "아들을 낳으리니 이름을 예수라 하라 이는 그가 자기 백성을 저희 죄에서 구원할 자이심이라."마1:21

세 번째 기도를 마치시고 제자들에게 오신 주님은 마음이 가벼워지신 것으로 보이십니다. 제자들에게는 "이제는 자고 쉬라 "고 말씀하십니다. 이 말씀은 의미가 참으로 큽니다. 우리는 무엇인가를 해야 할 때가 있다는 것입니다. 여기 제자들에게는 지금까지는 잘 때가 아니고 기도할 때였습니다. 예수님과 함께 깨어서 기도할 때에 그들은 잠을 잤습니다. 기도할 때 잠을 자는 것은 바른 때를 찾지 못한 행위입니다. 열심히 일할 때가 있습니다. 예배할 때가 있으며, 봉사할 때가 있습니다. 사랑을 베풀 때가 있고, 용서할 때가 있습니다. 때를 바로 알고 행해야 합니다. 주님께서는 하늘 "아버지가 일하시니 나도 일한다."요5:17라고 말씀하시며 "지금은 낮이니 일할 때"요9:4라고 말씀하고 계십니다. 지금은 일할 때이며 기도할 때입니다.

제자들은 자고 쉴 때이지만 이제 주님에게는 고통의 때가 시작되고 있습니다.

"때가 가까이 왔으니 인자가 죄인의 손에 팔리느니라." 누구입니까? 가룟 유다라는 제자에 의해 팔려 가시게 되신다는 말씀입니다. 주님은 분명하게 말씀하고 계십니다. 가룟 유다의 행위는 죄인의 행위이라고. '죄인의 손에 팔려 가느니라.' 이 말씀은 이중적 의미를 담고 있습니다. 가룟 유다의 행위뿐만 아니라 가룟 유다에게 돈을 주고 예수님을 사는 자의 손도 의미합니다. 그것은 바로 대제사장들의 손입니다.마26:14 죄인들의 손에 팔려 가시는 인자이십니다. 잔을 옮겨 주기를 기도하셨던 주님은 이제 하나님의 마음을 아셨습니다. 그것은 바로 당신께서 십자가에서 달려 돌아가시는 것입니다. 하나님 아버지 뜻을 아신 주님은 그 길에 두려워하지 않고 순종하며 그 길을 가시는 것입니다. 담담하게 십자가의 행보를 띄어 놓고 계시는 주님입니다.

하나님 아버지의 뜻을 알고 그것이 십자가의 길임을 아시면서도 잠잠히 그 길을 가신 주님은 참으로 용기 있는 행위이셨습니다. 또한, 순종이 무엇인지 보여주신 귀한 삶이십니다. 무엇보다도 믿음의 행위입니다. 성경에 이름과 같이 죽음 후에 사흘 만에 부활할 것이라는 믿음의 행위였습니다. 그 믿음의 행위는 오늘 우리에게 커다란 용기와 희망을 줍니다. 말씀에 대한 용기 있는 순종을 보여 주신 것입니다. 예수님을 따르는 우리 그리스도인들에게 회복되어야 할 모습입니다. "일어나라 함께 가자 보라 나를 파는 자가 가까이 왔느니라." 담대함과 용기는 순종을 통해 나타납니다. 말씀을 듣고 순종하는 삶이 오늘 하루 가운데 나타나기를 바랍니다.

적용을 위한 기도

주님! 주님을 따라가는 삶이 용기와 결단 있는 믿음의 행위임을 깨닫게 하심에 감사합니다. 예수님의 이름으로 기도합니다. 아멘

종의 형체로 죽기까지

오히려 자기를 비워서 종의 모습을 취하시고, 사람과 같이 되셨습니다. 그는 사람의 모양으로 나타나셔서, 자기를 낮추시고, 죽기까지 순종하셨으니, 곧 십자가에 죽기까지 하셨습니다.
빌립보서 2:7~8

묵상을 위한 기도

은혜가 풍성하신 성삼위 하나님 아버지! 오늘도 주님 앞에 감사와 찬양을 드리며 하루를 시작합니다. 말씀의 진리 가운데서 그리스도를 아는 지식의 깊이와 주님의 마음을 경험하는 시간 되도록 성령을 부어 주소서. 오늘도 신령과 진실한 마음으로 예배드리게 하옵소서. 예수님의 이름으로 기도합니다. 아멘

본문묵상 본문을 여러 번 읽어 예수님의 마음을 느끼는 시간이 되도록 합시다.

빌립보서 2: 5~11

5. 여러분은 이런 태도를 가지십시오. 그것은 곧 그리스도 예수께서 보여 주신 태도입니다. 6. 그분은 하나님의 모습을 지니셨으나, 하나님과 동등함을 당연하게 생각하지 않으시고, 7. 오히려 자기를 비워서 종의 모습을 취하시고, 사람과 같이 되셨습니다. 그는 사람의 모양으로 나타나셔서, 8. 자기를 낮추시고, 죽기까지 순종하셨으니, 곧 십자가에 죽기까지 하셨습니다. 9. 그러므로 하나님께서는 그를 지극히 높이시고, 모든 이름 위에 뛰어난 이름을 그에게 주셨습니다. 10. 그리하여 하나님께서, 하늘과 땅 위와 땅 아래에 있는 이들 모두가 예수의 이름 앞에 무릎을 꿇게 하시고, 11. 모두가 예수 그리스도는 주님이시라고 고백하게 하셔서, 하나님 아버지께 영광을 돌리게 하셨습니다.

사람들은 남에게 인정받으려고 온갖 노력을 다합니다. 자신의 이력서를 조작하기도 하고, 가짜 학위를 만들기도 합니다. 심지어 학위 논문까지 다른 사람의 것을 사용하여 자기가 쓴 것처럼 하여 남을 속입니다. 많은 사람으로부터 인정받으려고 업적위주로 일을 만들기도 합니다. 내용은 없고, 겉치레만 화

려하게 말입니다. 심지어 자연이나 문화를 파괴하는 일도 마다하지 않습니다. 그래서 한 지위를 차지하면 그것을 지키려고 온갖 것을 다합니다. 무력을 사용하기도 하고, 권력을 사용하여 그 자리를 지킵니다. 한 사람을 위해 많은 사람이 희생을 당해야 합니다. 목숨을 잃거나 혹은 하던 일을 못하고 떠나야 하는 것이 낮은 신분이나 권력 없는 사람에게 주어지는 모습이 이 세상의 원리입니다. 참으로 안타까운 것은 그리스도인이라는 사람들조차도 세상의 방법을 사용하여 지위와 권력을 잡으려고 합니다.

그러나 예수님은 이런 세상 사람들의 원리와는 다르게 사셨습니다. 예수님은 근본적으로 하나님의 모습을 지닌 분이십니다. 천지 만물을 지으실 때 하나님과 함께 계신 분이십니다.히1:2 그분의 능력과 그분의 성품, 그분의 존재는 하나님이셨습니다. 그런데 하나님과 동등한 분이셨음에도 자신을 그렇게만 고집하지 않으시고빌2:6 오히려 다 비우고 종의 형상을 취하여 이 땅에 오셨습니다. 그리고 자기를 낮추셨습니다. 창조주와 같은 능력과 존재이신 예수님께서 창조하신 창조물의 하나인 인간이 되셨다는 것입니다. 사람과 같이 되셔서 자기를 낮추시고 복종하는 본을 보여 주셨습니다. 하나님 아버지의 뜻인 십자가 위에서 모든 사람의 죄를 용서하시기 위해 못 박혀 죽기까지 복종하셨습니다. 남이 나를 위해 죽기까지 복종하며 섬겨 주기를 바라는 세상 사람들과는 반대로 사신 주님이십니다.

하늘 보좌를 버리고 이 땅에 사람들과 같이 되셨을 때에 예수님은 어떠하셨을까요? 하기 싫은 것을 억지로 하신 분이셨을까요? 아닙니다. 즐거이 헌신하시고, 이 땅에 오셨습니다. 그리고 사람들과 같이 되셨고, 사람들과 같이 잡수시고, 사람들과 같이 지내셨습니다. 사람들과 같이 우셨고, 사람들을 보며 아파하시고, 사람들을 돌보시며, 사람들과 같이 고통을 당하셨으며, 사람들과 같이 시험을 받으셨습니다.히4:15~16 그리고 그 사람들을 고치시고, 사람들을 가르치셨으며, 사람들에게 하나님 나라를 보여 주셨습니다. 그리고 사람들을 위해 십자가를 지시고 십자가 위에서 돌아가셨습니다. 그리고 삼 일 만에 사람들을 위해 부활하셨습니다. 저를 믿는 자는 죽어도 살고, 무릇 살아서 믿는 자는 영원히 죽지 아니한다고

말씀하셨습니다. 요11:25~26

하나님께서 이렇게 죽기까지 복종하신 예수님을 높이셨습니다. 모든 이름 위에 뛰어난 이름이 되게 하셨습니다. 빌2:9 "이는 저를 믿는 자마다 멸망하지 않고 영생을 얻는" 이름이 되게 하셨습니다. 요3:16 "다른 이로써는 구원을 받을 수 없나니 천하사람 중에 구원을 받을 만한 다른 이름을 우리에게 주신 일이 없습니다."행4:12 그리고 모든 사람이 그 발 앞에 엎드려 경배하게 하셨습니다. 빌2:10 모든 사람이 예수 그리스도를 주로 고백하게 하셨습니다. 주로 고백한다는 것은 그분의 삶처럼 살고, 그분이 행하셨던 일을 하고, 그분이 하나님께 복종하셨던 것처럼 사는 것을 의미합니다. 또한, 예수님을 주로 고백한다는 것은 예수님께서 믿음으로 하나님 아버지께 순종하며 사셨던 것처럼 순종하며 믿음으로 사는 것을 의미합니다.

사순절 기간에 묵상하는 내용을 통해 주님이 가셨던 길을 따라 가 보는 시간을 보내고 있습니다. 순종하셨던 예수님을 통해 순종을 배우려 합니다. 고통을 참으신 주님을 통해 인내를 배우려 합니다. 제자들에게 버림받고, 배신당하신 주님의 마음을 통해 원수까지도 사랑하는 법을 배우려 합니다. 십자가를 지시고 고난의 길을 가신 주님을 통해 헌신을 배우려 합니다. 무기를 들고 잡으러 온 로마 병정들에게도 평화를 지키셨던 주님을 통해 평화의 삶을 배우려 합니다. 십자가에서 달리시면서 고독을 경험하신 주님을 통해 오늘 우리에게 베푸신 풍성한 은혜와 축복에 감사하는 법을 배우고자 합니다. 주님의 발자취를 놓치지 말고 따라가며 그분의 심정을 경험해 보시기 바랍니다.

적용을 위한 기도

주님! 주께서 자기를 비우시고 사람이 되셨으며, 죽기까지 하나님 아버지께 복종하셨듯이 저의 삶이 겸손하며, 주님께 순종하는 삶이 되게 하소서. 다른 사람을 사랑하며 먼저 섬기는 삶이 되게 하소서. 예수님의 이름으로 기도합니다. 아멘

친구여 행하라

예수께서 그에게 "친구여, 무엇 하러 여기에 왔느냐?" 하고 말씀하시니, 그들이 다가와서, 예수께 손을 대 붙잡았다. 마태복음 26:50

묵상을 위한 기도

사랑의 성삼위 하나님 아버지! 기쁨과 감사 그리고 찬양과 경배로 당신을 높이며 하루를 시작합니다. 오늘도 성령을 부어 주셔서 당신의 기이한 법의 말씀을 깨닫고 삶 가운데 말씀의 능력을 맛보아 기뻐하며 그 말씀을 이웃에게 실천하며 살도록 복 주옵소서. 예수님의 이름으로 기도합니다. 아멘

본문묵상 본문을 여러 번 읽어 예수님의 마음을 느끼는 시간이 되도록 합시다.

마태복음 26:47~50

47. 예수께서 아직 말씀하고 계실 때에, 열두 제자 가운데 하나인 유다가 왔다. 대제사장들과 백성의 장로들이 보낸 무리가 칼과 몽둥이를 들고 그와 함께 하였다. 48. 그런데 예수를 넘겨 줄 자가 그들에게 암호를 정하여 주기를 "내가 입을 맞추는 사람이 바로 그 사람이니, 그를 잡으시오" 하고 말해 놓았다. 49. 유다가 곧바로 예수께 다가가서 "안녕하십니까? 선생님!" 하고 말하고, 입을 맞추었다. 50. 예수께서 그에게 "친구여, 무엇 하러 여기에 왔느냐?" 하고 말씀하시니, 그들이 다가와서, 예수께 손을 대 붙잡았다

"나를 파는 자가 가까이 왔다"고 예수님께서 제자들에게 말을 하는 순간 열둘 중 하나인 가룟 유다가 왔습니다. 예수님께서는 하나님 앞에 땀이 핏방울이 되도록 온 힘을 다해 기도하셨기에 이직도 몸에는 땀이 흘러내리고 있었습니다. 백 미터를 달린 선수가 아직 땀을 닦고 쉴 겨를도 없이 들이닥친 기자들 앞에 숨을 몰아쉬며 서 있는 모습처럼 예수님은 기도하고서 숨을 쉴 겨를도 없이 그를 잡으러 온 자들과 맞닥뜨리게 되었습니다. 황당한 광경이 벌어졌습니다. 조금 전까지만 해도 함께 빵을 떼고, 잔을 나누던 가룟 유다가 칼과

몽둥이를 들고 온 무리와 함께 있습니다. 그리고 예수님께 와서 조금은 어색하면서도 얼굴에는 가식을 한 웃음을 띠고 예수님께 나아옵니다. 그리고 예수님께 입을 맞추며 "랍비여 안녕하십니까?"라고 인사를 합니다.

여기 인간의 잔악한 모습이 있습니다. 그동안 함께 먹고, 함께 자고, 함께 생활했던 공동체, 그리고 그 가운데 배움을 받으며 천국의 진리와 하나님 뜻에 대해 가르침을 받았던 예수님을 배반하는 인간 가룟 유다입니다. 윤리적으로도 이해가 되지 않는 행위를 부끄럼 없이 행하는 가룟 유다입니다. 인간이 사람을 미워하거나 악한 마음을 품으면 상상을 초월한 끔찍한 일을 할 수 있다는 한 예를 보여주는 것입니다. 미움이 싹트고, 마음이 하나님의 진리 가운데 있지 못하면 사람은 악해지고 자기의 유익을 위해 함께 했던 공동체도 팔고, 가르침을 받은 스승까지도 팔아먹는 것이 인간입니다. 예수님과 함께 하며, 예수님 편이 되지 않은 가룟 유다는 예수님을 팔아먹는 예수님을 대적하는 반대편이 되고 있습니다.

이런 상황에 예수님은 어떠하십니까? 예수님은 가룟 유다에게 많은 말을 할 수도 있었을 것입니다. 네가 도대체 무엇을 하고 있는지 아느냐고 호통을 치고 싶으셨을 수도, 지난 3년 동안 내가 너를 어떻게 돌보고 사랑을 베풀었는데 네가 이럴 수 있느냐고 말씀하실 수도 있었을 것입니다. 은혜를 원수로 갚는다고 심하게 꾸짖을 수도 있었을 것입니다. 그러나 주님은 오히려 가룟 유다에게 이렇게 말씀하십니다. "친구야, 네가 무엇 하러 여기에 왔는지 행하라." 당신을 팔아넘기는 가룟 유다를 주님은 친구라고 불러 주십니다. 그것이 그냥 지나가는 말로 했다 하더라도 이 말은 가룟 유다에게 의미하는 바가 큽니다. 지금 가룟 유다가 파는 예수는 그동안 깐깐한 선생이고, 사람들에게 문제를 일으키는 자이었습니다. 언제나 권위가 넘치고, 카리스마가 있는 그런 리더였습니다. 가까이하기에 너무나 먼 사람이었습니다. 그런 그가 오늘 당신을 팔고 있은 유다에게 친구라고 하고 있습니다. 유다는 지금 친구를 파는 것입니다.

전에 예수님은 제자들에게 이렇게 말씀하셨습니다. "사람이 친구를 위하여 자기 목숨을 버리면 이보다 큰 사랑이 없나니 너희는 내가 명하는 대로 행하면 곧 나의 친구라 이제부터 너희를 종이라 하지 아니하리니 종은 주인이 하는 것을 알지 못함이라 너희를 친구라 하였으니 내가 내 아버지께 들은 것을 다 너희에게 알게 하였음이라"요15:13~15 친구에 의해 목숨이 팔리고 계신 예수님이십니다. 친구를 위해 돌아가시기를 작정하신 예수님이십니다. 친구를 위해 죽으시는 큰 사랑을 보이시는 주님이십니다.

친구를 잡으러 온 가룟 유다. 그들과 함께 온 자는 칼과 몽치를 가지고 왔습니다. 그리고 가룟 유다의 미리 짠 군호에 따라 예수님을 잡습니다. 그때 제자들 중에 하나가 이 광경을 보고 참을 수가 없습니다. 그래 들고 있던 칼을 뽑아 대제사장 종의 귀를 떨어뜨립니다. 갑자기 침묵이 흐르는 곳에 칼 소리가 들려옵니다. 싸움이 벌어지기 직전입니다. 이때 예수님이 소리치십니다. "네 칼을 도로 칼집에 꽂으라. 칼을 가지는 자는 다 칼로 망한다."마26:52 하나님의 아들은 평화를 만드는 자라고 예수님은 제자들에게 가르치셨습니다.마5:9십자가의 길로 잡혀가시는 순간에도 하나님의 아들로서 평화를 위해 사시는 주님이십니다. "아버지께 구하여 지금 열두 군단이 더 되는 천사를 보내게 할 수 없는 줄 아느냐고"고 말씀하신 주님은 평화의 삶을 끝까지 지켜 가십니다. 잡히시면서도 평화를 유지하시기 위해 무력을 쓰지 않으시는 주님이십니다. 평화는 원수까지도 품고 사랑하는 사랑의 행위입니다. 주님은 복수를 위해 무력을 사용하지 않으셨습니다. 오히려 평화를 위해 당신의 목숨을 내놓으셨습니다. 나와 하나님과의 평화를 위해 그리고 나와 이웃과의 평화를 위해 말입니다.

제자들에게 배신을 당하시며, 잡혀가시는 주님의 마음은 얼마나 아프셨을까요? 엄청난 상처가 주님의 가슴에 생겼을 것입니다. 그럼에도, 참고, 인내하시며, 원수를 원수로 갚지 않고 오히려 "친구"라고 불러 주신 주님이십니다. "너를 사랑하는 자만 사랑하는 것은 세리들도 그렇게 하느니라. 또 너희가 너희 형제에게만 문안하면 남보다 더하는 것이 무엇이냐? 이방인들도 이같이 아니하느냐 그러므로 하늘에 계신 너희 아버지의 온전하심과 같이 너희도 온전하라."마5:46~48

적용을 위한 기도

주님! 당신처럼 원수까지도 사랑하는 삶이 되도록 성령을 부어 주셔서 평화를 만드는 사람이 되게 하소서. 이웃을 먼저 사랑하고, 이웃에게 먼저 베풀며, 이웃을 위해 먼저 돌아보는 삶이 되게 하소서. 예수님의 이름으로 기도합니다. 아멘

너를 친 자가 누구냐?

그때에 그들은 그의 얼굴에 침을 뱉고, 그를 주먹으로 치고, 또 더러는 손바닥으로 때리기도 하며, 말하기를 "그리스도야, 너를 때린 사람이 누구인지 알아맞히어 보아라." 하였다. 마태복음 26:67~68

묵상을 위한 기도

성삼위 하나님 아버지! 저희에게 많이 참으시며, 날마다 새날을 허락하시고, 소망의 날을 허락해 주시니 감사합니다. 감사와 찬양으로 오늘 하루 아침을 열며, 당신의 진리의 말씀을 대합니다. 저에게 말씀해 주시고, 저의 마음이 말씀대로 생각하고, 손과 발이 말씀에 순종하도록 성령을 부어 주십시오. 예수님의 이름으로 기도합니다. 아멘

본문묵상 본문을 여러 번 읽어 예수님의 마음을 느끼는 시간이 되도록 합시다.

마태복음 26:57~68

56. 그러나 이 모든 일이 이렇게 되게 하신 것은, 예언자들의 글을 이루려고 하신 것이다. "그때에 제자들은 모두, 예수를 버리고 달아났다. 57. 예수를 잡은 사람들은 그를 대제사장 가야바에게로 끌고 갔다. 거기에는 율법학자들과 장로들이 모여 있었다. 58. 그런데 베드로는 멀찍이 떨어져서 예수를 뒤따라 대제사장의 집 안마당에까지 갔다. 그는 결말을 보려고, 안으로 들어가서 하인들 틈에 끼어 앉아 있었다. 59. 대제사장들과 온 의회가 예수를 사형에 처하려고, 그를 고소할 거짓 증거를 찾고 있었다. 60. 많은 사람이 나서서 거짓으로 증언하였으나, 쓸 만한 증거는 얻지 못하였다. 그런데 마침내 두 사람이 나서서 61. 말하기를 "이 사람이 하나님의 성전을 허물고, 사흘 만에 세울 수 있다고 했습니다" 하였다. 62. 그러자, 대제사장이 일어서서, 예수께 말하였다. "이 사람들이 그대에게 불리하게 증언하는 데도, 아무 답변도 하지 않소?" 63. 그러나 예수께서는 잠자코 계셨다. 그래서 대제사장이 예수께 말하였다. "내가 살아 계신 하나님께 맹세하고 그대에게 명령하니 대답하시오. 그대가 하나님의 아들 그리스도요?" 64. 예수께서

그에게 대답하셨다. "당신이 말하였소. 내가 당신들에게 다시 말하오. 이제로부터 당신들은, 인자가 권능의 보좌 오른쪽에 앉아 있는 것과 하늘 구름을 타고 오는 것을 보게 될 것이오." 65. 그때에 대제사장은 자기 옷을 찢고, 큰소리로 "그가 하나님을 모독하였소. 이제 우리에게 무슨 증인들이 더 필요하겠소? 보시오, 여러분은 방금 하나님을 모독하는 말을 들었소. 66. 여러분의 생각은 어떠하오?" 하고 말하였다. 그러자 그들은 대답하기를 "그는 사형 받아야 합니다" 하였다. 67. 그때에 그들은 그의 얼굴에 침을 뱉고, 그를 주먹으로 치고, 또 더러는 손바닥으로 때리기도 하며, 68. 말하기를 "그리스도야, 너를 때린 사람이 누구인지 알아맞추어 보아라" 하였다.

가롯 유다의 배신으로 팔려 오신 주님은 심한 고문을 당하시기 시작하십니다. 대제사장 가야바 앞에 주님이 계십니다. 가야바 주위에는 서기관들과 장로들이 서 있습니다. 그리고 그들 가운데 예수님에 대해 거짓 증언하는 사람들이 모여듭니다. 그러나 그 증거들은 예수님을 처형할 수 없는 증거들이었습니다. 저마다 예수님께서 행하신 일들을 말하지만, 처형의 내용이 아니라 예수님께서 행하신 기적들을 이야기합니다. 병자를 안식일에 살렸습니다. 귀신을 쫓아냈습니다. 보리떡 5개와 물고기 두 마리로 오천 명을 먹였습니다. 세리와 죄인들과 함께 식사했습니다. 물 위를 걸었습니다. 물이 포도주가 되게 하셨습니다. 원수를 사랑하라고 가르쳤습니다. 죽은 나사로를 살려냈습니다. 많은 증거들을 사람들이 와서 말하지만 모든 것이 다 사람을 돌보고, 치유하며, 하나님의 진리를 가르친 것이었습니다. 증인들이 하나씩 들어왔다가 나갈 때마다 대제사장들과 서기관 그리고 장로들의 얼굴이 굳어집니다.

많은 증인이 들어왔다 나간 후 두 증인이 들어와 이렇게 외칩니다. "이 사람의 말이 내가 하나님의 성전을 헐고 사흘 동안에 지을 수 있다 하더라." 했습니다. 이것이 대제사장에게 예수를 처형할 수 있는 달콤한 증언이 되었습니다. 그러나 주님은 침묵하였습니다. 대제사장은 한 가지 더 덧붙였습니다. "네가 하나님의 아들이냐?" 예수님께서 이렇게 대답하십니다. "네가 말하였다. 그러나 이후에 인자가 권능의 우편에 앉아 있는 것과 하늘 구름을 타고 오는 것을 너희가 보리라.” 이 말씀은 주님께서 죽으시고 부활하셔서 하나님 우편에 앉으실 것과 심판주로 오실 것에 대한 말씀이었습니다.

이때부터 사람들은 예수님을 신성 모독하는 말을 했다고 하며 예수가 한 말은 사형에 처해 지는 것이라고 말하고, 예수님의 얼굴에 침을 뱉고, 주먹으로 치고 어떤 사람은 손바닥으로 때렸습니다. 그러면서 예수님을 조롱하면서 “그리스도 야 우리에게 선지자 노릇 하라 너를 친 자가 누구냐”라고 하며 예수님을 때립니다. 참으로 인간이 악합니다. 사람을 때리고, 침을 뱉고, 묶여 있는 예수님을 주 먹으로 때리며 조롱하는 자들입니다. 창조주 하나님을 믿는다고 하는 사람들이 하는 행위가 바로 이런 것입니다. 하나님의 형상으로 지음 받은 자를 때리고, 음 해하고, 죽이는 것이 악한 인간의 모습입니다. 그리고 아무 죄도 없는 자를 자신 의 기득권을 유지하기 위해 때리고, 치고, 죽이려고 심문합니다. “사람의 생각이 악하다 ”창6:5고 했던 하나님의 선언이 바로 예수님을 잡아 심문하는 곳에서도 적 나라하게 드러나고 있습니다.

우리의 죄를 위해 십자가를 지시기 위해 주님은 참혹한 심문과 고통 속에서도 묵묵히 참으셨습니다. 당신의 죽음으로 가져올 구원 때문이었습니다. 새 생명과 소망 때문에 참고 견디며 십자가의 길을 걸으셨습니다. 이 땅의 모든 자에게 임할 구원과 죄에서의 자유를 위해 십자가로 나아가셨습니다. 조롱도 참으셨습니다. 우리를 사랑하시는 그 사랑 때문이었습니다. 이러한 엄청난 사랑을 입은 자들이 그리스도인들입니다. 그리스도인들은 주님을 믿는 자들입니다. 주님의 행하심을 따라 사는 자들입니다. 욕심을 버리고, 남을 먼저 사랑하는 자들이 그리스도인들 입니다. 가난한 자와 함께 하며, 고아와 과부를 돌아보며, 평화를 위해 사는 자들 이 그리스도인들입니다. 주님의 고난은 허울 좋은 모조품 행복을 위한 것이 아닙 니다. 화려한 종교 행위를 위한 죽으심도 아닙니다. 그분의 죽음은 깨지고 상한 이 땅에 평화와 용서 그리고 함께 함을 위한 죽음이십니다.

개인주의를 사랑하고, 개인의 존엄성을 이야기하며, 자기의 주권을 요구하는 것이 그리스도인이 아닙니다. 그리스도인들은 자기를 부인하는 자들입니다. 자기의 편안함을 찾으며, 한국의 대형교회에서 베푸는 화려한 엔터테인먼트를 찾아 나서는 것은 그리스도께서 십자가에서 죽으신 죽음을 헛되이 하는 생명 없는 종교적 행위입니다. 그리스도인들은 서로 짐을 지며 돌아보는 공동체 사람들입니다. 같은 교회에 다니는 교인들이 누구인지도 잘 모르면서, 멀리서 쳐다보이는 설교자의 위로 설교 한마디를 듣고 주일 날 돌아오는 것이 그리스도인의 삶은 아닙니다. 이런 행위들은 그리스도를 또 다른 현대판 내용으로 조롱하고 침 뱉는 행위입니다. 그러면서 말합니다. "나는 그리스도를 따르는 그리스도인입니다. 나는 예수를 믿습니다." 예수님은 말씀하셨습니다. "나를 따라오려거든 자기를 부인하고 자기 십자가를 지고 따르라고."마16:24 오늘날 우리 주위에 나타나는 현상을 보면서 느끼는 것은 오히려 "나는 그리스도인이 아닙니다"라고 말하는 것이 주님을 더 영화롭게 하는 세대 같아 보입니다. 주님을 뒤에서 때려 놓고 누가 때렸느냐고 말하지 않기를 원합니다. 삶으로 주님께 침 뱉는 행위를 하면서 그리스도인이라고 말하는 것은 주님을 십자가에 다시 못 박는 현대판 대제사장과 서기관 그리고 장로들의 행위와 같습니다. 그리고 교회를 다닌다고 하면서 세상의 방법과 원리대로 사는 것은 2천년 전 예수님을 십자가에 못 박으라고 했던 군중과 같은 현대판 무리라 할 수 있습니다. 주님께서 십자가위에서 우리를 위해 흘리시는 눈물을 보는 하루가 되기를 바랍니다.

적용을 위한 기도

주님! 당신을 다시 십자가의 못 박는 말과 행위가 되지 않도록 성령을 부어 주셔서 저의 삶이 진실 되게 하십시오. 예수님의 이름으로 기도합니다. 아멘

나는 그 사람을 알지 못하노라

조금 뒤에 거기에 서 있는 사람들이 다가와서 베드로에게 말하였다. "당신은 틀림없이 그들과 한패요. 당신의 말씨를 보니 확실하오." 그때에 베드로는 저주하고 맹세하면서 "나는 그 사람을 알지 못하오" 하고 말하였다. 그러자 곧 닭이 울었다. 마태복음 27:73~74

묵상을 위한 기도

사랑의 성삼위 하나님 아버지, 오늘도 감사와 찬양을 올려 드리며 하루를 시작합니다. 말씀의 저자이신 성령을 저희에게 부어 주셔서 진리의 말씀을 옳게 분변하여 부끄러움이 없는 일군으로 인정된 자로 저 자신을 하나님께 드리는 날이 되게 하소서. 예수님의 이름으로 기도합니다. 아멘

본문묵상 본문을 여러 번 읽어 예수님의 마음을 느끼는 시간이 되도록 합시다.

마태복음 26:69~75

69. 베드로가 뜰 안 바깥쪽에 앉아 있었는데, 한 하녀가 그에게 다가와서 말하기를 "당신도 저 갈릴리 사람 예수와 함께 다닌 사람이지요?" 하였다. 70. 베드로는 여러 사람 앞에서 부인하여 말하기를 "나는 네가 무슨 말을 하는지 모르겠다" 하였다. 71. 그런데 베드로가 대문 있는 데로 나갔을 때에, 다른 하녀가 그를 보고, 거기에 있는 사람들에게 "이 사람은 나사렛 예수와 함께 다니던 사람입니다" 하였다. 72. 그러자 베드로는 맹세하고 "나는 그 사람을 알지 못하오" 하고 다시 부인하였다. 73. 조금 뒤에 거기에 서 있는 사람들이 다가와서 베드로에게 말하였다. "당신은 틀림없이 그들과 한패요. 당신의 말씨를 보니 확실하오." 74. 그때에 베드로는 저주하고 맹세하면서 "나는 그 사람을 알지 못하오" 하고 말하였다. 그러자 곧 닭이 울었다. 75. 베드로는 "닭이 울기 전에, 네가 나를 세 번 모른다고 할 것이다" 하신 예수의 말씀이 생각나서, 바깥으로 나가서 몹시 울었다.

베드로는 멀찍이 예수를 따라 대제사장의 뜰까지 가서 그 결말을 보려고 안에 들어가 하인들과 함께 앉아 있었습니다. 마26:58 그리고 예수님께서

당하시는 고통과 받으시는 심문을 다 보고 있었습니다. 마음이 아프고 찢어질 것 같았습니다. 예수님이 심문당하시는 것을 보면서 베드로는 '물 위를 걸으시던 능력을 발휘해 보세요' 라고 소리치고 싶었습니다. 보리떡 다섯 개와 물고기 두 마리로 오천 명을 먹이고 열두 광주리가 남게 하셨던 그런 능력을 갖추신 주님께서 무엇인가를 보이시리라 생각했습니다. 그러나 주님은 아무 능력도 발휘하시지 않고 묵묵히 심문에 임하시더니 거기 모였던 사람들로부터 조롱을 당하십니다. 당장에라도 뛰어나가서 주님을 구하려는 마음보다는 부끄러운 마음이 더 들었습니다. 그리고 대제사장들과 서기관 그리고 장로들의 얼굴을 보니 무섭기까지 했습니다. 혹시 나에게까지도 저런 고문을 하지 않을까 싶어 피하고 싶은 마음이 들기 시작했습니다.

그때 갑자기 한 여인이 다가오더니 너도 갈릴리 사람 예수와 함께 있지 않았느냐고 묻습니다. 베드로는 당황했습니다. 이 여인이 갑자기 "왜 이래?"라는 표정을 지어 보이며 많은 사람 앞에서 말했습니다. "나는 네가 무슨 말을 하는지 모르겠소." 그리고 나니 가슴이 막 조마조마합니다. 사람들이 다 자기만 쳐다보는 것 같이 느낀 베드로는 뒷걸음을 치며 슬그머니 그 자리를 빠져나오려고 합니다. 그때 또 다른 여인이 베드로를 보고는 "이 사람도 예수와 함께 있었소"라고 말합니다. 다급해진 베드로는 더 강하게 부인합니다. "나는 그를 알지 못하노라" 이젠 안심해도 되나 싶었는데 곁에 섰던 사람이 다시 시비를 겁니다. "너도 진실로 그 패거리야. 네 말소리가 저들과 같아" 라고 말합니다. 분위기가 매우 심각한 것을 알아차린 베드로는 강한 어조로 예수를 모른다고 부인합니다. 그 순간 닭이 울었습니다. 그리고 예수님께서 고개를 돌려 베드로를 봅니다.

닭이 우는 순간 예수님은 어떤 마음이셨을까요? 모두가 다 주를 버려도 나는 버리지 않겠다고 큰소릴 치던 베드로마26:35 마저 나를 부인했구나. 예수님은 이제 철저히 혼자라고 생각하셨을 것입니다. 그렇게 사랑하던 제자마저 당신을 부인했기 때문입니다. 심문 때문에 힘이 빠지신 주님이시지만 그래도 베드로를 보려고 뒤를 돌아보십니다. 그리고 이렇게 속으로 외치십니다. '베드로야 시험에 들지 말도록 깨어 있어라. 걱정하지 마라. 내가 삼 일 만에 부활하여 다시 네게로 가리라. 그러니 낙심하지 말고 믿음 안에서 깨어 있어라. 그리고 다른 제자들에게도 힘을 내라고 말해라.'

닭이 울자 베드로가 정신이 듭니다. 내가 무슨 짓을 했는가? 내가 주님을 부인하다니. 그것도 세 번이나. 예수님께서 내가 오늘 밤에 닭 울기 전에 세 번 당신을 부인하리라고 말씀하셨는데 내가 그것을 마음에 새기지 못하고 정말로 내가 주님을 세 번이나 부인하다니. 이럴 수가 있단 말인가? 그는 뜰 밖으로 나와 심히 통곡하며 마음을 쥐어뜯습니다. 마음을 지키지 못하고 주님을 부인하다니….

두렵고 떨림이 오히려 죄를 범하는 결과가 되었습니다. 용기와 담대함과 진실함이 사라지면 사람은 비굴해 지며 죄를 범하는 것을 보게 됩니다. 또한, 예수님이 하셨던 사역들과 가르침이 진리이며 생명임을 깊이 깨달았다면 이렇게 주님을 부인하지는 않았을 것입니다. 어설픈 믿음은 위험이 닥칠 때 날아가 버립니다. 비가 오고 홍수가 나면 사라지는 믿음은 예수님의 말씀 없이 모래 위에 집을 짓는 것과 같습니다. 그러나 예수님의 말씀을 듣고 믿음으로 행하는 자는 반석 위에 집을 짓는 자 같아서 비가 오고 홍수가 나도 무너지지 않습니다. 베드로는 그동안 예수님을 잘 따라다녔습니다. 귀한 고백도 했습니다. 그런데 예수님이 잡히시는 위기 상황에서 주님을 부인합니다. 무엇이 베드로에게 부족했을까요? 그것은 바로 주님의 가르침이 베드로의 삶과 마음속에 자리 잡지 못했습니다. 또한, 주님의 성령이 아직 베드로 위에 임하지 못했기 때문입니다.

베드로의 예수님 부인은 우리에게 귀한 것을 가르쳐 줍니다. 예수님께서 십자가에 못 박히시게 하는 데에는 누구도 예외일 수 없다는 것입니다. 대제사장과 서기관 장로들과 로마 병정과 이스라엘 백성에 이르기까지 모두가 다 예수님을 십자가에 못 박는 일을 하고 있습니다. 거짓증인으로 혹은 부인하면서 주님을 십자가에 못 박는데 동참했습니다. 이것을 다른 말로 말하면 예수님은 모든 사람의 죄를 지시고 십자가에서 죽으셨다는 것입니다. 함께 3년을 보냈던 제자들의 죄도 예외는 아니라는 것입니다. 세상의 모든 사람을 구원하시기 위한 주님의 십자가의 길은 누구도 예외가 있을 수 없습니다.딤전2:4 저와 여러분도 예수님을 십자가에 못 박았습니다. 그리고 저와 여러분의 죄를 씻어 주시고 용서해 주시려고 주님은 십자가에 길로 나아 가셨습니다. 그분의 고통이 가져온 선물은 죄 용서함과 구원 그리고 참 평화입니다.

적용을 위한 기도

주님 제가 주님을 부인하지 않는 삶이 되도록 성령을 부어 주시고 날마다 깨어 기도하게 하소서. 제게 믿음을 더하여 주십시오. 그래서 오늘 하루 마음으로, 말로, 행동으로 주님을 부인하지 않도록 힘을 공급해 주시고 저와 함께해 주십시오. 예수님의 이름으로 기도합니다. 아멘

예수냐? 바라바냐?

총독이 그들에게 말하였다. "이 두 사람 가운데서, 누구를 놓아 주기를 바라오?" 그들은 "바라바요" 하고 말하였다. 빌라도가 그들에게 말하였다. "그러면 그리스도라고 하는 예수를, 나더러 어떻게 하라는 거요?" 그들은 모두 말하기를 "그는 십자가에 못 박아야 합니다." 하였다. 마태복음 27:21~22

묵상을 위한 기도

사랑과 은혜가 풍성하신 성삼위 하나님 아버지, 오늘도 당신께 찬양과 감사로 하루를 시작합니다. 오늘도 말씀을 통해 우리의 영혼이 소생하며, 진리 안에서 자유 함을 누리도록 이 아침에도 말씀을 대합니다. 성령을 부어 주셔서 진리의 말씀을 깨닫고 삶 가운데 힘을 얻을 수 있는 귀한 시간이 되도록 복 주옵소서. 예수님의 이름으로 기도합니다. 아멘

본문묵상 본문을 여러 번 읽어 예수님의 마음을 깊이 경험해 보십시오..

마태복음 27:1~2, 11~26

1. 새벽이 되어서, 대제사장들과 백성의 장로들이 함께 모여 예수를 죽일 계획을 짠 후에 2. 예수를 결박하여 끌고 가서, 총독 빌라도에게 넘겨주었다.

21. 총독이 그들에게 말하였다. "이 두 사람 가운데서, 누구를 놓아 주기를 바라오?" 그들은 "바라바요" 하고 말하였다. 22. 빌라도가 그들에게 말하였다. "그러면 그리스도라고 하는 예수를, 나더러 어떻게 하라는 거요?" 그들은 모두 말하기를 "그는 십자가에 못 박아야 합니다." 하였다. 23. 빌라도가 "정말 이 사람이 무슨 나쁜 일을 하였소?" 하고 말하니, 사람들은 더욱 큰소리로 외쳐 말하기를 "그는 십자가에 못 박아야 합니다." 하였다. 24. 빌라도는, 자기로서는 어찌할 도리가 없다는 것과 또 민란이 일어나려는 것을 보고, 물을 가져다가 무리 앞에서 손을 씻고 말하기를 "나는 이 사람의 피에 대하여 책임이 없으니, 알아서 하시오" 하였다. 25. 그러자 온 백성이 대답하여 말하였다. "그 사람의 피는 우리와 우리

자손에게 돌아올 것이오." 26. 그래서 빌라도는 바라바는 놓아 주고, 예수는 채찍 질한 뒤에, 십자가에 처형하라고 넘겨주었다.

총독 빌라도 앞에 서 계신 주님은 채찍에 맞고, 사람들의 멸시와 조롱으로 말미암아 온몸이 지쳐 계십니다. 그러나 그 정신과 생각은 더 맑고 분명 합니다. 예수님의 두 눈에는 긴 칼을 옆에 찬 총독의 모습과 그 주위에 둘러선 제 사장과 서기관과 장로들이 보입니다. 그리고 등 뒤에서는 군중의 소리가 귓전을 울립니다. 순간 총독이 묻는 말이 들립니다. "네가 유대인의 왕이냐?" 예수님은 그렇다고 대답하십니다. 놀라운 대답이십니다. 유대인의 왕이라는 말에 예라고 대답하시는 주님이십니다. 정치적인 유대인의 왕이 아니라 이스라엘 백성과 온 세상의 백성을 구원하실 구세주로서의 왕이라는 말씀입니다. 그러자 그곳에 있 던 장로들과 서기관들 그리고 대제사장이 예수를 고발하는 수많은 이야기를 합 니다. 그러나 예수님은 아무 말도 하지 않으십니다. 마치 털 깎임을 당하는 양처 럼 조용히 계시는 주님이십니다. 대답은 하지 않고 고소하는 자들의 얼굴을 긍휼 이 가득한 눈으로 바라보시는 주님은 인자하며, 권능과 위엄까지 있어 보이십니 다.

예수님을 심문하던 빌라도 총독은 아무리 찾아도 예수님의 죄를 찾을 수가 없 습니다. 또한, 아내의 사람이 와서 일러 줍니다. " 저 옳은 사람에게 아무 상관도 하지 마옵소서' 라고 당신의 부인께서 말씀하셨습니다." 이 말을 들은 빌라도는 더욱 난감합니다. 어찌해야 하나 고민을 하던 그에게 좋은 생각이 떠올랐습니다. 명절이 되면 죄수 한 명을 풀어주는 특명 제도가 생각났습니다. 그래서 사람들에 게 물었습니다. "내가 누구를 놓아 주기를 원하느냐? 바라바냐? 그리스도라 하는 예수냐?" 그런데 참으로 놀라운 일이 벌어 졌습니다. 대제사장과 장로들이 백성 을 선동하여 바라바를 달라고 하게 합니다. 그리고 모여든 군중이 선택한 것은 빌 라도를 더욱 놀라게 합니다. 그들은 바라바라는 유명한 죄수의 이름을 부릅니다. 바라바는 온 유대인들과 예루살렘에 알려진 유명한 죄인이었습니다. 사람들은 의로운 사람, 죄가 없으신 하나님의 아들 예수를 선택하지 않고 유명한 죄인을 선택하였습니다. 참으로 빌라도는 난감함에 빠졌습니다. "그러면 이 예수는 어떻게 하였으면 좋겠느냐"고 묻자 군중은 그를 십자가에 못 박아 죽게 하라고 외칩니다. 아무리 죄를 찾아봐도 찾을 수 없는 이 좋은 사람을 못 박으라고 하니 황당한 빌라도입니다.

빌라도는 소리칩니다. "어찜이뇨? 무슨 죄를 이 예수가 지었단 말이요?" 그러자 사람들은 더 큰소리로 외칩니다. "십자가에 못 박혀야 하겠나이다." 사람들은 혈기가 등등하여 소리칩니다. "십자가에 못 박히게 하시오." 성경이 표현한 것처럼 곧 민란이라도 날 것으로 보였습니다. 빌라도는 군중의 이런 모습에 어찌할 바를 모르고 그만 자신의 해야 할 일을 뒤로하고 군중에게 말합니다. "이 사람의 죄에 대해 나는 무죄하니라." 예수님의 무죄를 군중에게 알리고, 잘못된 민심을 바로 잡아야 하는 것이 총독에게 주어진 일이라면 총독 빌라도는 지금 분명히 타협하며 자기의 일을 소홀히 하는 것입니다. 자신의 책무를 다하지 못한 빌라도를 죄없다 할 수는 없습니다.

아무 죄도 없으신 예수님 대신 유명한 죄수를 선택한 대제사장과 서기관 그리고 장로들과 군중입니다. 이것이 인간의 죄 된 모습입니다. "하나님이 보시기에 심히 좋았던"창1:31 인간이 타락한 후에 선택하는 것은 바로 유명한 죄수 편이 되는 것이었습니다. 예수님의 편은 아무도 없습니다. 유월절을 지내려고 온 세상에서 모여든 군중입니다. 하나님이 이스라엘 백성을 애굽에서 구원해 내신 날을 기념하며 모든 사람과 함께 음식을 나누며 기뻐해야 하는 유월절을 지키려고 모여든 군중이 아닙니까? 그런데 그들이 오늘 하는 일은 바로 하나님의 아들이신 예수를 십자가에 못 박으려고 마음이 하나가 된 것입니다. 선을 베풀며 하나님의 구원의 손길을 증거하며 하나님으로 말미암아 기뻐해야 할 사람들이 그 하나님의 아들을 십자가에 못을 박는 일에 모여들고 있다는 것은 참으로 아이러니합니다. 하나님의 선하신 인도에 감사해야 할 때에 사람들은 그 아들 예수 그리스도를 십자가에 못 박는 죄를 범하고 있습니다.

바라바를 선택하는 군중을 보며 주님은 낙망하셨을 것입니다. 저들이 선택하는 것이 얼마나 어리석은 짓이며 죄 된 행위인가를 주님은 아셨습니다. 그런데도 묵묵히 저들의 선택 앞에 자신의 몸을 내어 맡기시고 계시는 주님이십니다. 그리고 속으로 이렇게 외치셨을 것입니다. '그래 너희가 지금처럼 하는 바로 그런 죄를 위해 내가 십자가로 나아간단다.' 지금 행하는 것이 얼마나 악한 것인지 모르고 유명한 죄수를 선택하는 대제사장과 서기관 그리고 장로들과 군중입니다. 예수님을 선택하지 않는 삶은 죄입니다. 우리는 오늘 누구를 택하고 있는지 보아야 할 것입니다. 예수님이신가? 바라바인가?

적용을 위한 기도

주님! 당신의 편이 되는 것은 용기가 필요합니다. 당신을 모든 순간에 선택할 수 있는 용기를 주시고, 다수가 선택하는 죄에 편에 서지 않도록 오늘도 저희를 지켜 주십시오. 예수님의 이름으로 기도합니다. 아멘

가시 면류관과 십자가

가시로 면류관을 엮어 머리에 씌우고, 오른손에 갈대를 들게 하였다. 그리고 그의 앞에 무릎을 꿇고 "유대인의 왕 만세!" 하면서 희롱하였다…. 이렇게 희롱한 다음에, 그들은 주홍색 옷을 벗기고, 그의 옷을 도로 입혔다. 그리고 십자가에 못 박으려고, 그를 끌고나갔다. 마태복음 27:29, 31

묵상을 위한 기도

자비가 한이 없으신 성삼위 하나님 아버지, 당신께 찬양과 감사로 오늘 하루를 엽니다. 말씀의 진리 가운데서 예수 그리스도를 아는 지혜가 더하게 하시고, 그 안에서 자라며, 믿음 안에 거하는 삶이 되게 하소서. 성령으로 제 심령에 기름 부으셔서 생명의 말씀을 깨닫고 삶 가운데서 그 말씀의 능력을 경험하며 살게 하소서. 예수님의 이름으로 기도합니다. 아멘

본문묵상 본문을 여러 번 읽어 예수님의 마음을 느끼는 시간이 되도록 합시다.

마태복음 27:27~31

27. 그때에 총독의 군인들이 예수를 총독 관저로 끌고 들어가서, 온 부대를 다 그의 앞에 불러 모았다. 28. 그리고 예수의 옷을 벗기고, 주홍색 옷을 입힌 다음에, 29. 가시로 면류관을 엮어 머리에 씌우고, 오른손에 갈대를 들게 하였다. 그리고 그의 앞에 무릎을 꿇고 "유대인의 왕 만세!" 하면서 희롱하였다. 30. 또 그에게 침을 뱉고, 갈대를 빼앗아서 머리를 쳤다. 31. 이렇게 희롱한 다음에, 그들은 주홍색 옷을 벗기고, 그의 옷을 도로 입혔다. 그리고 십자가에 못 박으려고, 그를 끌고나갔다.

빌라도는 아무리 예수님을 심문해도 죄를 찾지 못하고, 오히려 예수님의 침묵 속에 나타난 평온함과 위엄 때문에 놀랍니다.마27:14 어떻게 하면 예수님을 놓아 줄까 찾아보았지만, 군중의 동요가 두려워 자신의 책임을 회피합니다. 그리고 오히려 무리의 요구대로 예수를 십자가에 못 박게 내어줍니다. 그때

부터 예수님은 채찍에 맞으시며 십자가를 지시게 됩니다. 빌라도 군병들이 예수님을 관정 안으로 끌고 들어가면서 예수님을 때립니다. 예수님의 몸에서는 채찍에 맞으신 자리가 선명하게 줄을 그으며 피가 맺히고 있습니다. 고통과 아픔이 말로 표현할 수 없지만, 주님은 참고 견디시며 만백성을 위한 구원의 길을 가고 계십니다. 한 알의 밀알이 땅에 떨어져 죽지 않으면 많은 열매를 맺을 수 없음요 12:24을 잘 아시는 주님께서는 기꺼이 당신의 생명을 땅에 떨어져 죽는 한 알의 밀알이 되시기 위해 고난의 십자가 길을 가고 계시는 것입니다.

총독의 관저로 끌려가신 주님이 당하신 조롱은 참으로 견디기 어려운 것이었습니다. 많은 군병이 모여들었습니다. 그리고 예수님을 주홍 옷으로 갈아 입혔습니다. 머리에는 가시관을 쓰게 했고 손에는 갈대를 들려주었습니다. 이 당시 주홍 옷은 황제가 입는 색깔의 옷입니다. 왕관은 황제가 쓰는 금 면류관이며, 손에 쥐어진 갈대는 왕의 통치권을 상징하는 홀을 의미합니다. 로마 병사들은 로마 황제가 무엇을 입고, 무엇을 머리고 쓰고, 어떤 지휘봉을 들고 다녔는지 잘 알고 있었습니다. 그래서 유대인의 왕이라고 하는 예수님을 왕의 신분으로서의 형상을 모방하여 조롱하고 있습니다. 화려한 왕의 의복 대신 군인들의 망토를, 빛나는 황금빛 면류관 대신 가시관을 그리고 빛나는 지휘봉인 홀 대신 갈대를 취하신 하나님의 아들 예수십니다. 그 권위와 위엄과 능력과 신분은 온 천하를 창조하신 하나님이시며, 그의 옷은 푸른 하늘이며, 그 지휘는 하늘의 구름과 밤의 불기둥과 같은 온 천하의 만물이심에도 인간의 죄악 속에서 가장 초라한 왕으로 조롱을 당하시는 예수님이십니다. 그 예수님을 한 인간의 초라한 왕의 모형으로 만들어 놓고 그 앞에 무릎을 꿇고 절하는 시늉을 하는 로마 병정들입니다. 마치 로마 황제에게 경배하듯 말입니다.

지금 로마 군병들이 조롱하며 로마 황제에게 절하듯 경배의 흉내를 내며 조롱하는 이 예수는 실로 누구입니까? 천지를 지으신 창조주 하나님이시며, 모든 민족이 경배할 예수님이십니다. 그런데 지금 로마 군병들은 참으로 예배해야 할 분 앞에서 예배와 경배의 모형을 갖고 조롱을 하고 있습니다. 영원한 생명의 면류관을 주실 이로서 하늘을 당신의 면류관으로 쓰고 계시는 하나님의 아들 예수 그리스도에게 가시 면류관을 씌우고 고통을 가하는 군병들입니다. 온 천하를 말씀의 권능으로 호령하시며 다스리실 권능이 있으신 예수님께 갈대를 쥐여주고 있습니다. 온 맘과 정성을 다해 진실로 경해해야 할 예수님께 예배의 모형을 드리는 로마 군병들입니다. 참으로 예배할 자인데, 참으로 황금빛 옷을 입을 분이시며, 천하를 지휘할 지휘봉을 손에 드실 예수님이신데 그것을 알지 못하고 조롱하는 로마 군병들입니다.

로마 군병들의 예수님을 향한 조롱은 강도가 더해 갑니다. 예수님께 침을 뱉으며, 조롱을 하고, 손에 쥐여 주었던 갈대를 빼앗아 예수님을 때립니다. 왜 이런 수치를 당하고 계시는 주님이십니까? 그들의 죄 때문입니다. 저들이 지금 하는 일이 참으로 악할 뿐만 아니라 그들이 하는 짓이 무엇인지도 모르는 무지한 자들을 위해 고통을 당하고 계시는 것입니다. 자신들은 모든 것을 다 아는 양 의기양양하여 예수님께 침을 뱉고, 때리고, 가시관을 씌우고, 홍포를 씌워 주지만 실상은 아무것도 모르는 자들입니다. 저들이 지금 때리고 조롱하는 자는 저들의 창조주이며, 구세주이고, 죽음을 이기시고 삼 일 만에 부활하사 하늘 보좌에 앉으실 만유의 주 예수 그리스도 이십니다. 문제는 저들이 눈이 가려 보지 못하는 것이 문제입니다. 안목의 정욕과 세상의 욕망과 이생의 자랑이 저들의 눈을 멀게 하였습니다. 로마 황제의 권위가 저들의 배경입니다. 세상의 권력이 가난하고 힘없는 자를 억압하고 있습니다. 세상의 원리에 고통을 당하고 계신 주님이십니다.

주홍 옷을 입으시고, 가시관을 쓰시고, 갈대를 손에 들으신 주님의 모습이 뒤바뀐 세상을 잘 보여 주고 있습니다. 정의와 진리를 위해 이 땅에 오신 예수님은 멸시와 천대를 받으시며 십자가의 길을 가십니다. 침 뱉고, 때리고, 가시관을 씌우며 조롱하는 자들, 참으로 악하고 불의 한 죄인들은 어깨를 활짝 펴고, 온갖 권력과 힘을 쥐고 이 땅에서 누리며 삽니다. 그러나 그들은 정작 섬기며, 경배해야 할 자를 조롱하고 죽이는 일에 앞장서는 자들입니다.

저들 앞에 서신 주님은 어떤 마음이셨을까요? '너희가 경배해야 할 진정한 예배의 대상이 바로 나다. 그래 너희는 나에게 로마 병정의 주홍빛 망토를 씌우고, 가시관을 씌워 내게 피를 흘리게 하며, 손에 보잘것없는 갈대를 쥐여 주었지만 나는 변하지 않는 너의 구세주이다. 내가 너희를 사랑하는 자이다. 이 길이 아니고서는 너희에게 구원은 없다. 내가 고통을 받음으로 너희가 구원을 얻고, 내가 채찍에 맞음으로 너희가 나음을 얻는다. 그래 너희의 말대로 나는 유대인의 왕이요 평강의 하나님이다.' 주님의 고통 속에서 가슴깊이 흘러나오는 절규입니다. "너희는 내게 채찍을 때리고, 침을 뱉고, 가시관을 씌우고 있지만 나는 너희를 용서하는 길, 너희를 사랑하는 길을 택해 가고 있다는 것을 알게 될 것이다."

우리가 섬기고 경배하는 주님은 화려한 로마 황제로의 예수님은 분명히 아니어야 합니다. 오늘날의 많은 교회가 화려한 로마 황제 예수님을 찾는 모습입니다. 화려한 훈련 프로그램, 대형 교회, 잘 짜인 주일 학교와 프로그램들, 그뿐만 아니라 축복을 강조하는 교회들로 사람들이 몰려듭니다. 쓴소리하고, 성경적인 이야기를 하면 재미가 없는 설교요 은혜가 부족한 설교입니다. 고난과 함께 남을 섬기며 봉사할 것이 많은 교회는 아예 생각조차 없습니다. 오늘 로마 군병들에 조롱을 당한 예수님은 오늘날 많은 그리스도인에게는 코드가 맞지 않는 주님이십니다. 왜? 가시관을 쓰고 가시느냐고 물으면서 쉽고 편한 길을 택하시라고 말하는 사람들일 것입니다. 그래도 주님은 말씀하십니다. "나는 가시관을 쓰고 십자가를 지고 가야 한다. 나를 따르려거든 자기 십자가를 지고 나를 따르거라?"마16:24

적용을 위한 기도

주님. 저의 무지함과 어리석음 그리고 죄가 당신을 십자가의 길로 내몰았음을 알고 용서를 구합니다. 오늘 하루 저의 삶이 당신을 모형만 만들어 놓은 구세주로 내몰며, 때리고 침을 뱉지 않게 하소서. 화려한 로마 황제를 택하지 않고, 기꺼이 십자가의 길을 가신 예수님을 택하는 하루가 되게 하소서. 예수님의 이름으로 기도합니다. 아멘

원수까지도 사랑하시는 주님

그때에 예수께서 말씀하셨다. "아버지, 저 사람들을 용서하여 주십시오. 저 사람들은 자기네가 무슨 일을 하는지 알지 못합니다." 그들은 제비를 뽑아서, 예수의 옷을 나누어 가졌다.
누가복음 23:34

묵상을 위한 기도

　사랑이 많으신 성삼위 하나님 아버지. 오늘도 찬양과 감사로 주님께 경배를 드리며 하루를 엽니다. 진리의 말씀을 통해 당신의 사랑이 얼마나 크고 깊은지 깨닫고 삶 가운데서 경험하도록 성령을 부어 주소서. 그리고 그 말씀에 순종하고 이웃에게 실천하는 하루가 되게 하소서. 예수님의 이름으로 기도합니다. 아멘

본문묵상 본문을 여러 번 읽어 예수님의 마음을 느끼는 시간이 되도록 합시다.

누가복음 23:26~38

26. 그들이 예수를 끌고 가다가, 시골에서 오고 있던 시몬이라는 한 구레네 사람을 붙들어서, 그에게 십자가를 지우고, 예수의 뒤를 따라가게 하였다.……32. 다른 죄수 두 사람도 예수와 함께 사형장으로 끌려갔다. 33. 그들은 '해골'이라고 하는 곳에 이르러서, 거기에서 예수를 십자가에 못박고, 그 죄수들도 그렇게 하였는데, 하나는 그의 오른쪽에, 하나는 그의 왼쪽에 달았다. 34. 그때에 예수께서 말씀하셨다. "아버지, 저 사람들을 용서하여 주십시오. 저 사람들은 자기네가 무슨 일을 하는지 알지 못합니다." 그들은 제비를 뽑아서, 예수의 옷을 나누어 가졌다. 35. 백성은 서서 바라보고 있었고, 지도자들도 비웃으며 말하기를 "그가 남을 구원하였으니, 정말 그가 하나님의 그리스도이고, 택하심을 받은 자이거든, 자기나 구원하라지." 하였다. 36. 군인들도 예수를 조롱하였는데, 그들은 가까이 가서, 그에게 신 포도주를 들이대면서 37. 말하기를 "네가 유대인의 왕이거든, 너나 구원하여 보아라." 하였다. 38. 예수의 머리 위에는 "유대인의 왕 예수"라고 쓴 죄 패가 붙어 있었다.

예수님께서 지신 십자가는 그 크기가 사람의 크기 두 배가 되었습니다. 사람을 십자가 모양으로 된 형에 못을 박고 세워야 하기 때문에 커야 했습니다. 또한, 이 십자가는 나무로 된 것이었는데 사람의 몸무게를 지탱해야 하기 때문에 십자가를 만드는 나무통도 컸습니다. 이렇게 길고 통이 두꺼운 나무로 만든 십자가를 사람이 지고 가기에는 참으로 힘이 드는 것이었습니다. 십자가를 지기 전에 십자가형에 선고된 죄수는 거의 죽을 만큼 참혹하게 채찍으로 맞습니다. 막15:15 그리고 나서 죄수는 십자가를 지고 현장까지 운반해야 합니다. 마27:31, 32 오늘 본문은 바로 예수님께서 이러한 십자가를 지고 형장으로 가시는 모습을 묘사하고 있습니다. 예수님은 몹시도 참혹하게 채찍을 당하셔서 힘이 다 소진되셨습니다. 십자가를 지고 갈 힘이 없으신 주님이셨습니다. 그러나 주님은 억지로 십자가를 지시고 형장을 향해 가십니다. 이 길만이 모든 백성의 죄를 지고 가는 길이기 때문입니다. 예수님은 십자가를 지고 발걸음을 몇 발자국 떼어 놓으시다 쓰러지십니다. 그러면 로마 병정의 회초리가 심하게 가해집니다. 온몸은 채찍에 너무 맞아 피가 흐르고 있습니다. 그러면 다시 힘없이 억지로 일어나 걸으시다 쓰러지십니다. 또 쓰러지고 또 쓰러지십니다.

예수님이 십자가를 지고 가는 거리에는 사람들이 즐비하게 나와 서 있습니다. 이들은 일주일 전에 예수님이 예루살렘 성을 향해 들어가실 때 겉옷을 벗어서 예수님이 지나가시는 길에 펴고, 종려가지를 들고 호산나 외치던 자들입니다. 그런데 지금은 예수님에게 돌을 던지며 조롱을 하는 무리가 되고 있습니다. 그리고 십자가를 지고 가시는 주님의 증인들이 되고 있습니다. 참혹한 십자가를 지신 주님이 가시는 십자가의 길의 증인들입니다. 당신들의 죄를 지고 가시는 주님을 눈앞에서 보는 증인들 말입니다. 이러한 무리 가운데서 한 사람을 로마 군인들이 잡아 끌어냈습니다. 그의 이름은 구레네에서 온 시므온이라는 사람이었습니다. 그에게 로마 군인들은 예수님의 십자가를 지고 형장으로 가게 했습니다. 온몸에 피투성이가 되신 주님이 이 청년을 봅니다. 그리고 눈이 마주칩니다. 구레네 시므온은 그 맑고, 밝은 예수님의 두 눈을 보자 무서웠던 마음은 감동으로 가득 찹니다. '아니 이렇게 선하신 분이 왜 이런 참혹한 십자가를 지시나.' 순간 마음이 아파져

옵니다. 참으로 예수님이 불쌍하게 느껴졌습니다. 죄 없는 순수한 어린양이 끌려가고 있다는 것을 발견한 이 청년은 예수님을 도와 십자가를 지고 갑니다. 얼마쯤 가서 로마인들은 다시 예수님에게 십자가를 지도록 강요합니다. 쓰러지고, 쓰러지면서 십자가를 지신 주님이십니다.

　로마 시대에 십자가형에 처형되는 사람들은 주로 종들과 천민 그리고 저급한 범죄자들이었습니다. 참혹한 일을 저지른 죄인들이 여기에 포함되었습니다. 예수님이 십자가에 처형당하실 때 예수님 왼쪽과 오른쪽에 죄인들이 함께 십자가에 처형되었습니다. 아무 죄도 없으신 주님이 가운데 십자가에, 그리고 그 양 옆에 정말 참혹한 죄인들이 십자가에 못 박혀 처형을 받고 있습니다. 그들의 죄 패에는 무어라고 쓰여 있는지 성경은 말하고 있지 않습니다. 아마 살인자 혹은 강도 같은 죄 패였을 것입니다. 그런데 예수님의 죄 패는 "유대인의 왕"이라고 쓰여 있습니다. 정말로 왕을 십자가에 못 박을 수 있었을까요? 아닙니다. 아마도 빌라도는 대제사장들과 서기관과 장로들이 시기하여 예수를 십자가에 못 박게 했다는 것을 알고 반유대적 견해를 밝힌 것이었습니다. 또한, 종교적이면서 영적인 면에서 백성의 병을 고치며, 백성의 어려움을 해결해 주면서 사회, 문화적으로 약자 편에서 사역해 오셨던 예수님을 그 당시의 종교지도자들이 반목해 온 것을 꼬집은 문구였습니다. 그러나 실제로 예수님은 유대인의 왕이셨습니다. 예수님께서 태어나실 당시의 상황을 생각해 보십시오. 동방에서 온 박사들이 예수를 "유대인의 왕"마2;2이라고 경배하지 않습니까?

　채찍에 맞으시고, 십자가를 지고 형장을 오시면서 쓰러지고 또 쓰러지셨던 주님, 지칠 때로 지치신 주님이 고통을 당하시며 양손에 못이 박히신 채로 십자가에 달리셨습니다. 예수님께서 달려 계신 십자가 밑에서는 사람들이 당신의 옷을 찢고 제비뽑아 가지며 온갖 모습으로 예수님을 조롱합니다. 이러한 비참하고 참혹한 상황 속에서 예수님이 십자가 위에서 입을 여십니다. 빌라도 앞에서도 침묵으로 일관하셨던 주님이 십자가 위에서 드디어 입을 떼셨습니다. 그런데 그 말씀이 참으로 우리의 마음을 때립니다. 그 말씀은 "아버지여 저들의 죄를 용서하여 주옵소서. 저들은 저들이 무엇을 하는지 알지 못합니다."눅23:34 자신을 십자가에 못 박는 자들을 위해 아버지께 용서를 구하고 계시는 예수님이십니다. 원수를 위해 용서를 구하고 계시는 주님이십니다. 그 고통 속에서도 원수를 사랑하시는 예수님이십니다. 참으로 사랑의 예수님이시며, 평화의 예수님이십니다. "원수를 사랑하며 너희를 박해하는 자들을 위하여 기도하라고"마5:44하신 주님께서 직접 말씀을 실천하고 계시는 것입니다. 보통 사람 같으면 십자가의 고통 가운데서 분노와 미움으로 채워져야 할 마음이지만 예수님은 사랑과 용서로 마음을 가득 채우고 계십니다. 진정 세상의 평화는 용서와 사랑에서부터 시작된다는 것을 십자가 위에서 몸소 보여주고 계시는 주님이십니다.

이것이 주님의 사랑이며 평화입니다. 원수를 갚는 것은 또 다른 화를 불러일으킵니다. 그러나 우리 주님은 원수를 사랑하며 원수를 위해 기도하시는 분이셨습니다. 참으로 평화를 위한 출발이십니다. 십자가의 고통 속에서 주님의 바람은 하나님의 자비로 당신을 십자가에 못 박는 자들을 위해 용서해 달라는 것이었습니다. 십자가에서 첫 마디는 바로 평화와 화해인 용서입니다. 용서하는 것이 십자가의 첫 소망이었습니다. "아버지여 용서해 주십시오. 저들이 하는 일을 저들이 모르고 있나이다."눅23:34 용서는 평화로 가는 첫 번째 길입니다.

적용을 위한 기도

주님. 당신께서 십자가의 고통 가운데 당신을 핍박하는 자들을 위해서 용서의 기도를 하셨던 것처럼 저도 어려움을 주는 이웃들을 위해서 용서하는 자가 되게 하소서. 용서가 평화와 화해로 가는 첫 번째 열쇠라는 것을 기억하며 용서하는 하루가 되게 하소서. 예수님의 이름으로 기도합니다. 아멘

우리 모두의 죄악을

우리는 모두 양처럼 길을 잃고, 각기 제 갈 길로 흩어졌으나, 주께서 우리 모두의 죄악을 그에게 지우셨다. 이사야 53:6

묵상을 위한 기도

자비와 긍휼이 한이 없으신 성삼위 하나님 아버지. 감사와 경배를 주님께 올려 드리며 하루를 시작합니다. 성령을 부어 주셔서 진리의 말씀을 옳게 분변하여 부끄러울 것이 없는 일군으로 인정된 자로 자신을 하나님 앞에 드리기를 힘쓰는 자가 되게 하소서. 오늘 하루 신실하게 신령과 진정으로 주님을 예배하게 하소서. 예수님의 이름으로 기도합니다. 아멘

본문묵상 본문을 여러 번 읽어 예수님의 마음을 느끼는 시간이 되도록 합시다.

이사야 53:1~6

1. 우리가 들은 것을 누가 믿었느냐? 주의 능력이 누구에게 나타났느냐? 2. 그는 주 앞에서, 마치 연한 순과 같이, 마른 땅에서 나온 싹과 같이 자라서, 그에게는 고운 모양도 없고, 훌륭한 풍채도 없으니, 우리가 보기에 흠모할 만한 아름다운 모습이 없다. 3. 그는 사람들에게 멸시를 받고, 버림을 받고, 고통을 많이 겪었다. 그는 언제나 병을 앓고 있었다. 사람들이 그에게서 얼굴을 돌렸고, 그가 멸시를 받으니, 우리도 덩달아 그를 귀하게 여기지 않았다. 4. 그는 실로 우리가 받아야 할 고통을 대신 받고, 우리가 겪어야 할 슬픔을 대신 겪었다. 그러나 우리는, 그가 징벌을 받아서 하나님에게 맞으며, 고난을 받는다고 생각하였다. 5. 그러나 그가 찔린 것은 우리의 허물 때문이고, 그가 상처를 받은 것은 우리의 악함 때문이다. 그가 징계를 받음으로써 우리가 평화를 누리고, 그가 매를 맞음으로써 우리의 병이 나았다. 6. 우리는 모두 양처럼 길을 잃고, 각기 제 갈 길로 흩어졌으나, 주께서 우리 모두의 죄악을 그에게 지우셨다.

예수님의 모습이 어떠했을까? 생각하면 참으로 궁금합니다. 오늘날 유명한 어느 영화배우같이 키도 크고, 이목구비가 뚜렷한 잘 생긴 미남형이셨을까요? 사람을 사로잡는 유머가 뛰어나서 사람들을 몰고 다니셨을까요? 사람들에게 인기는 많았을까요? 그러나 이런 궁금증은 생각해 내려고 하니까 그렇지 그렇게 많은 흥미를 가져오지는 않습니다. 성경을 읽다 보면 예수님의 얼굴이나 혹은 외모에 대해 말하는 곳을 한 곳도 발견할 수 없기 때문입니다. 성경은 우리에게 예수님께서 행하신 사역과 예수님의 능력, 그리고 예수님의 성품과 예수님께서 가르치신 하나님 나라의 교훈들에 대해 우리에게 알려 주고 있습니다. 예수님의 모습이 오늘 우리 인간이 사람들을 외모로 보고 판단하는 것처럼 예수님에 대해 외모를 그리고 있었다면 성경이 경쟁과 성공이 가치로 꽉 차있는 이 세상의 일반적인 교훈 서적과 그렇게 큰 차이가 없을 것입니다. 그러나 성경이 말하는 우리의 삶의 가치 추구는 사랑과 섬김 그리고 평화와 화해입니다. 이것은 우리에게 이 땅에서의 삶이 거꾸로 사는 삶 즉, 하나님의 말씀과 교훈이 성취되고 이루려면 이 땅에서 추구해야 할 삶의 가치가 무엇인지를 잘 말해 주고 있습니다.

성경이 예수님의 생김새에 대해 말해 주지 않는 것이 참으로 다행이라는 생각을 합니다. 그러나 오늘 이사야 선지자는 메시아의 모습을 이렇게 그리고 있습니다. 그는 고운 모양도 흠모할 만한 아름다움도 없다고 말입니다. 이 모습의 무엇일까요? 우리 주님은 세상으로 내세울 것이 없는 분이라는 것이 아닐까요? 그분은 태어나실 때 사관에 누울 곳이 없어서 마구에서 태어나셨습니다. 눅2:7 그분은 태어나시면서 피난 다니셨습니다. 마2:13~18 그리고 목수의 아들이었습니다. 막6:3 예수님의 고향과 친척과 심지어 자기 집에서는 존경을 받지 못했습니다. 막6:4 그리고 예수님께서 사역하실 때는 "여우도 굴이 있고 공중의 새도 거처가 있되 인자는 머리 둘 곳이 없다" 마8:20고 말씀하셨습니다. 예수님의 사역은 병자와 과부, 고아와 사회에 소외된 자들에게 인정을 많이 받았지 당시의 사회 주류층 들이 대제사장과 서기관 장로들에는 미움을 받으며 사셨습니다. 그리고 종이나 노예들이 죄를 범했을 때 처형하는 십자가에 못 박혀 죽으셨습니다. 세상의 가치로 볼 때 그분은 전혀 매력이나 흠모할 만한 곳이 없는 분이십니다. 결국은 삼 년 동안 함께 했던 제자로부터 배신을 당하시고, 모든 제자가 다 떠나는 아픔을 겪으신 예수님이십니다. 아주 멸시의 대상이셨습니다.

이 예수님은 사람들에게 멸시를 받았습니다. 당시의 종교지도자들에게 잡혀 오신 후 그는 모진 멸시를 당하셨습니다. 침 뱉음을 당하고, 뺨을 맞으시고, 채찍을 당하시는 멸시와 고통을 받으셨습니다. 십자가를 지고 가시며 쓰러지시고, 험난한 길을 가셔도 누가 하나 도와주지 않았습니다. 심지어 십자가에 함께 못 박힌 강도들에게조차도 멸시를 받으신 예수님이십니다. 십자가에 달린 동안 사람들의 비난과 조롱의 소리를 들으셔야 했습니다. 십자가에 고통 속에서도 두 눈을 뜨고 로마 군병들이 당신이 입었던 옷을 찢고 서로 제비 뽑아 나누어 가지는 모습을 보아야 했습니다. 그리고 사람들은 말합니다. 죄를 지어서 저렇게 비참하게 죽는 것이라고. 마땅히 죽을 짓을 했다고 말합니다. 진리이신 주님께서, 정의와 평화를 위해 생을 사신 주님께서, 아무 흠도 없고, 죄도 없으신 주님께서 묵묵히 이러한 거짓된 소리를 들으셔야 했을 때 그 가슴과 마음은 얼마나 아프셨을까요?

그러나 아무 흠모할 만한 모양도 아름다운 것도 없는 예수님, 그런 그분의 죽으심은 누구를 위한 것이었습니까? 오늘 본문에서 바로 이사야 선지자는 우리를 위한 것이라고 말하고 있습니다. 예수님은 우리의 질고를 지고, 우리의 슬픔을 당했다고 말하고 있습니다. 우리의 허물 때문에 예수님께서 가시관의 찔림을 당하셨다고 말하고 있습니다. 또한, 우리의 죄악 때문에 예수님께서 십자가에서 몸을 상하셨다고 말하고 있습니다. 주님께서 당하신 모든 것은 바로 나를 위해서 십자가를 지신 것입니다. 내가 십자가에 달려야 할 것을 내가 채찍에 맞고, 내가 조롱을 당해야 할 것을 대신 맞으시고, 당하셨다는 것입니다. 그런데 우리는 그 주님을 향해 손을 높이 쳐들고 못을 박으라고 했으며, 잘못을 했기에 하나님께 징벌을 받는 것은 마땅하다고 생각했습니다. 바로 이것이 주님을 십자가에 못 박게 하는 우리의 죄를 잘 보여 주는 단적인 예입니다. 주님의 십자가의 죽으심은 나를 위한 것입니다. 그분은 십자가에 못 박은 자는 바로 나입니다. 그런데도 주님의 잘못 때문에 혹은 다른 사람의 죄 때문에 십자가에 못 박힘을 당했다고 하면서 주님이 베푸신 십자가의 은혜와 사랑을 부끄럽게 합니다.

주님의 십자가의 죽으심은 우리에게 평화를 가져 왔습니다.5절 먼저는 내 마음의 죄와 허물을 씻고 정결해진 자유의 몸이 되는 샬롬의 회복이 내 안에 일어났습니다. 죄인의 몸이 죄로부터 자유 함을 얻는 것에서의 샬롬입니다. 이것은 또한 예수님의 십자가에서의 징계가 우리 이웃과의 삶에 평화를 가져 왔다는 것입니다. 미워하고 시기하는 마음으로, 늘 이기적 욕심에 쌓여 살며, 서로 경쟁과 갈등 속에 살던 우리의 관계가 평화를 찾았다는 것입니다. 불화와 다툼이 사라지고 돕고 협력하며 사랑하는 샬롬의 관계로 회복되었다는 것입니다. 주님의 징계는 또한 우리가 사는 자연과의 평화를 가져왔다는 것을 의미합니다. 파괴하고, 부수는 자연이 아니라 돌보고 가꾸어야 할 자연이라는 것입니다. 하나님의 최초의 창조의 회복이 일어나는 평화를 예수님의 징계가 가져왔다는 것입니다. 무엇보다도 예수님의 징계는 하나님과의 회복입니다. 죄와 허물로 죽었던 우리가 하나님께 나아가는 길이 열렸습니다. 영원히 죽지 않고 사는 삶이 회복된 참 샬롬의 회복이 예수님의 십자가의 죽으심으로 우리가 누리게 된 것입니다.

주님의 죽으심은 우리의 치료입니다. 죄로 말미암아 상처 나고 깨어진 관계의 치료이며, 상한 심령의 치료이며, 상한 영의 치료입니다. 자랑할 만한 풍채를 가지시거나 흠모할 만한 아름다움은 없으셨을지라도 그분이 행하신 십자가의 고통과 죽으심은 생명의 회복이며, 샬롬의 회복입니다. 영생을 가져온 소망의 길이며, 기쁨의 길입니다. 세상에서 가장 아름답고 흠모할 일을 주님은 십자가의 죽으심으로 행하셨습니다.

금주부터 시작되는 고난 주간 주님의 십자가에서의 고통과 그분이 하신 말씀을 묵상하며 주님의 고난에 함께 하는 시간이 되시기를 바랍니다.

적용을 위한 기도

주님. 당신의 십자가의 고난과 죽음이 우리에게 평화와 생명을 주셨습니다. 참으로 감사합니다. 주님의 고난의 의미를 깊이 깨닫고 감사하며 사는 하루가 되게 하소서. 예수님의 이음으로 기도합니다. 아멘

오늘 네가 나와 함께 낙원에

*예수께서 이르시되 내가 진실로 네게 이르노니 오늘 네가 나와 함께 낙원에 있으리라 하시
니라. 누가복음 23:43*

묵상을 위한 기도

긍휼과 자비가 많으신 성삼위 하나님 아버지. 오늘도 찬양과 감사로 하루를 시
작합니다. 당신의 진리의 말씀 가운데 거하는 하루가 되게 하시고, 말씀에 순종하
며, 겸손히 주님과 동행하며 공의와 인애를 사랑하며 이웃에게 사랑의 삶을 실천
하는 하루가 되게 하소서. 예수님의 이름으로 기도합니다. 아멘

본문묵상 본문을 여러 번 읽어 예수님의 마음을 느끼는 시간이 되도록 합시다.

누가복음 23:39~43

39. 달린 행악자 중 하나는 비방하여 이르되 네가 그리스도가 아니냐 너와 우리
를 구원하라 하되 40. 하나는 그 사람을 꾸짖어 이르되 네가 동일한 정죄를 받고
서도 하나님을 두려워하지 아니하느냐 41. 우리는 우리가 행한 일에 상당한 보응
을 받는 것이니 이에 당연하거니와 이 사람이 행한 것은 옳지 않은 것이 없느니라
하고 42. 이르되 예수여 당신의 나라에 임하실 때에 나를 기억하소서 하니 43. 예
수께서 이르시되 내가 진실로 네게 이르노니 오늘 네가 나와 함께 낙원에 있으리
라 하시니라

온갖 고문과 채찍으로 몸이 쇠할 때로 쇠하고 기진하신 주님이 십자가에
못 박히셨습니다. 그리고 골고다 언덕 위에 그 십자가가 세워졌습니다.
사람들이 지나다니며 십자가에 못 박히신 예수님을 쳐다봅니다. 어떤 이들은 안
타까운 눈으로 쳐다보며 어쩌다 저렇게 되었나 하고 한숨을 내쉬기도 하고 어떤
이들은 유대인의 왕이라고 하더니 꼴좋다고 하며 비웃음과 함께 경멸의 눈으로
쳐다보며 지나갑니다. 아무 죄도 없는 분이 당신들의 죄를 위해 십자가에 달려 죽
음을 맞이하고 계시는데 사람들은 오히려 멸시하고 천대하며 예수님 자신의 죄

때문에 그렇게 되었다고 비난하고 정죄하고 있습니다. 정죄 받을 자가 정죄하는 삐뚤어진 세상의 이치가 드러나는 십자가입니다.

예수님께서 십자가에 못 박혀 죽음을 맞이하는 양옆에는 행악자들이 함께 못 박혀 있습니다. 죄를 지은 자와 짓지 않은 자가 함께 공존하는 골고다 언덕의 현장입니다. 죄인을 구하러 오신 예수님께서 죄인과 함께 십자가에 못 박혀 죽음을 맞이하고 계십니다. 이 모습은 바로 우리가 모두 죄를 지어 십자가에 있어야 하는 그 자리에 우리를 위해 주님께서 죽음을 맞이하고 계시다는 것을 시각적으로 생생하게 보여주는 자리입니다. 내가 지고 갈 십자가를 지시고, 내가 못 박혀야 할 그 십자가에 예수님께서 못 박혀 계시고, 내가 받아야 할 조롱과 멸시를 예수님 당신께서 받고 계시며, 내가 받아야 할 고통을 그분이 받고 계시는 것입니다. 십자가는 예수님의 사랑이 나타나는 절정이며, 예수님의 생명의 용서가 흘러넘치는 근원입니다.

십자가가 있는 골고다 언덕 위에서 놀라운 일이 생깁니다. 예수님과 함께 양옆에 못 박혀 죽음을 맞이하는 행악자들이 예수님께 반응합니다. 그런데 아주 다른 반응을 합니다. 한 강도는 "네가 그리스도냐 그러면 너와 함께 우리를 구원해 보라"39절는 비방의 말을 십자가 위에서 예수님께 합니다. 그리고 다른 강도는 오히려 그 강도를 꾸짖으며 네가 같은 정죄를 받고도 하나님을 두려워하지 않느냐고 말하며 자신들이 받는 벌은 그들이 지은 죄에 대한 당연한 응보라고 말합니다. 그러나 예수님께 행한 일은 옳지 않은 일이 없다고 말하고 있습니다. 예수님의 무죄뿐만 아니라 예수님의 사역의 정당성을 인정하는 말이었습니다. 그러면서 이 죄인은 예수님께 오늘 당신의 나라에서 나를 기억해 달라고 말하고 있습니다. 이 땅에서의 삶이 전부가 아니라 영원한 나라가 있다는 것을 발견하고 주님 앞에 그 나라에서의 삶을 부탁하는 또 다른 강도입니다. 주님의 통치가 있는 주님의 나라에서 기억해 달라는 이 말은 자신의 죄를 용서해 주시고 당신의 나라에 내가 들어갈 수 있게 해달라는 간구였습니다.

그런데 주님은 "기억해 달라고" 간구하는 강도에게 이렇게 말씀하고 계십니다. "오늘 네가 나와 함께 낙원에 있으리라" 절망과 좌절의 자리에서 주님을 만난 이 강도는 낙원이 허락되었습니다. 생의 마지막 길목에서 주님을 만난 이 강도는 새로운 세상이 허락되었습니다. 이생의 눈으로 바라본 예수님은 거짓말쟁이이고 아무 힘도 없는 목수에 불과했습니다. 죽음 앞에서 하나님의 아들로 큰 능력도 발휘하지 않았고 오히려 힘없이 십자가에 못 박혀 죽는 한 인간에 불과하였습니다. 그러나 영적인 눈으로 바라보면 그분은 새로운 나라의 주인이셨습니다. 생명의 주인이었습니다. 죄가 없으신 분이 평화를 위해 십자가를 지고 가시는 분이었습니다. 온 세상의 죄인들을 구원해 내시기 위한 세상의 죄를 지고 가시는 어린양이셨습니다.요1:29, 36 주님은 죽음 앞에서도 자신을 찾는 자에게 긍휼과 자비를 베푸시는 분이셨습니다.

자신을 기억해 달라는 강도에게 '네가 잘못을 회개해야 한다' 라고 말하지 않으셨습니다. 그냥 오늘 네가 나와 함께 낙원에 있으리라고 말씀하고 계십니다. 용서하시는 일에 관대하신 주님이십니다. 간음하다 현장범으로 붙잡혀온 여인을 향해 주님은 "나도 너를 정죄하지 아니하노니"요8:11라고 말씀하셨던 주님의 모습과 너무도 일맥상통합니다. 우리 인간은 용서하기 위해 갖가지 조건을 요구하지만, 용서의 주님은 아무것도 묻지 않으시고 자신을 찾는 자에게 조건 없이 은혜를 베푸시고 용서하시는 주님이십니다.

오늘 본문에서 발견되는 놀라운 사실 하나는 같은 현장과 상황에서 주님을 대하는 자들의 차이입니다. 하나는 주님이 어떤 분이신지 알아보고 자신을 기억해 달라는 강도이며 다른 하나는 같은 주님을 바라보며 비방하고 조롱하는 강도입니다. 주님을 알아볼 수 있는 영적인 눈은 매우 중요합니다. 세상의 가치와 방법으로 그리고 세상의 마음으로 주님을 바라보면 아무 가치가 없는 한 나약한 인간에 불과합니다. 그러나 영적인 눈과 죄인의 마음으로 겸손히 그분 앞에 나아갈 때는 주님은 하나님의 나라의 주인이시며 우리의 죄를 용서하시는 하나님이십니다. 오늘 우리는 주님을 어떤 눈으로 바라보며 대하고 있나 생각해 보게 합니다.

부와 명예의 눈으로 주님을 바라보며 주를 찾는 자와 죄인의 마음으로 그분께만 생명이 있음을 알고 회개하는 겸손한 마음으로 주님을 찾는 자가 있습니다. 주님이 자신의 삶에 수단이 되려고 주님을 찾는 자가 있고, 주님을 섬기며 겸손히 주님과 동행하며 주님처럼 고아와 과부를 돌보며 세상의 평화를 만들려고 삶을 헌신하는 자들이 있습니다. 화려한 출세를 위해 주님을 찾는 자가 있는가 하면 주님처럼 고난의 십자가를 지며 공의와 정의를 위해 겸손히 인자를 사랑하는 자가 있습니다. 그러나 기억할 것은 이러한 삶의 선택은 저와 여러분에게 있습니다.

죽음의 십자가 위에서도 끝까지 당신께 나아오는 자에게 긍휼과 자비를 베푸시기를 쉬지 않으시는 주님을 찬양합니다. 고통의 순간에도 당신을 찾는 자에게 용서를 허락해 주시는 주님께 감사를 드립니다. 생의 절망의 늪에서 주님을 찾을 때 소망과 생명을 허락해 주시는 주님을 경배합니다. 고난주간! 고난 가운데서도 고난 가운데 있는 자를 돌아보시고 함께 해주신 주님을 기억하며 힘을 얻습니다. 주님이 십자가에서 하신 두 번째 말씀은 바로 "네가 오늘 나와 함께 낙원에 있으리라"43절는 것입니다. 오늘 우리의 고통 가운데서도 그분을 찾는 자에게는 주님은 그 넓은 가슴을 열고 우리를 맞이하십니다. 주님을 찾는 때는 아직 늦지 않았습니다. 생애 마지막에 나아갔던 강도를 생각하면 지금이 바로 주님께 나아갈 때입니다. 오늘 그리고 지금 이 순간이 그분께 나아갈 때입니다. "오늘 네가 나와 함께 낙원에 있다"고 하는 주님의 음성을 듣기 위해서입니다.

적용을 위한 기도

주님. 당신 앞에 나아가는데 주저하지 않게 하소서. 성령을 부어 주셔서 지금 이 순간 당신을 발견하게 하시고 용기 있게 당신 앞에 나아가게 하소서. 우리의 죄악을 묻지 않으시고 고백하는 자에게 긍휼과 자비를 베푸시기를 기뻐하는 주님을 오늘도 찬양합니다. 예수님의 이름으로 기도합니다. 아멘.

십자가 위의 아들과 땅 위의 어머니

예수께서 자기의 어머니와 사랑하시는 제자가 곁에 서 있는 것을 보시고 자기 어머니께 말씀하시되 여자여 보소서 아들이니 이다 하시고 요한복음19:26

묵상을 위한 기도

　평화와 사랑의 성삼위 하나님 아버지, 감사와 찬양으로 하루를 시작합니다. 진리의 말씀 가운데 당신의 뜻을 발견하며, 삶 가운데서 그 말씀에 순종하게 하소서. 이웃에게 말씀을 실천하며 겸손히 섬기며 살게 하소서. 또한, 예수님의 십자가의 고난을 생각하는 하루가 되게 하소서. 예수님의 이름으로 기도합니다. 아멘

본문묵상 본문을 여러 번 읽어 예수님의 마음을 느끼는 시간이 되도록 합시다.

요한복음 19:25~27

25, 예수의 십자가 곁에는 그 어머니와 이모와 글로바의 아내 마리아와 막달라 마리아가 섰는지라 26. 예수께서 자기의 어머니와 사랑하시는 제자가 곁에 서 있는 것을 보시고 자기 어머니께 말씀하시되 여자여 보소서 아들이니 이다 하시고 27. 또 그 제자에게 이르시되 보라 네 어머니라 하신대 그때부터 그 제자가 자기 집에 모시니라

십자가 위에서 고통을 당하시며 달려 계시던 주님이 주위를 내려다봅니다. 그동안 예수님께 찾아와 병 고침을 받고 천국의 진리의 말씀을 들었던 많은 사람이 주님의 죽으심을 지켜보며 안타까워하며 슬픔을 감추지 못하고 있습니다. 그중에는 죽은 지 사흘이나 되었지만, 예수님께서 다시 살리신 나사로도 있습니다. 간음하다 잡혀왔던 여인도 보입니다. 눈물을 흘리는 제자도 보입니다. 주님께서 천국 복음을 전파하시며 밀려오는 병자들을 고치시며 밤이 맞도록 사역할 때 음식을 만들어 섬기며 주님의 일을 도왔던 여인들도 보입니다. 그리고 골육 친척들도 보입니다. 천천히 아래를 내려다보던 주님의 시선이 갑자기 멈추

는 곳이 있었습니다. 바로 어머니 마리아였습니다. 누구보다도 십자가 가까이에서 아들의 죽음을 지켜보고 계신 어머니였습니다. 어머니를 보자마자 주님은 못 박힌 손발보다 더 가슴이 아파져 옵니다. 심장을 도려내는 것 같은 통증과 함께 어머니의 삶이 주마등처럼 지나갑니다.

예수님께서 잉태되실 때부터 믿음으로 하나님의 천사의 말을 받아들였던 어머니 마리아였습니다.눅1:38 그녀는 사람들로부터 처녀가 잉태하여 아들을 낳았다고 많은 사람에게 손가락질을 당하기도 하였습니다. 유월절에 많은 인파 속에서 아들을 잃어버리고 삼일을 찾아 헤매다 성전에 앉아서 랍비들과 대화하는 어린 예수를 만나 왜 이렇게 했느냐고 나무랄 때 "내가 아버지 집에 있어야 할 줄을 알지 못하셨나?"눅2:49고 하는 말을 가슴에 묻어두었던 분이였습니다.눅2:51 예수님께서 귀신들린 자에게서 귀신을 쫓아내며 고쳐주자 사람들이 예수님을 미쳤다막3:21고 할 때 예수님을 찾아갔다가 "누구든지 하나님의 뜻대로 행하는 자가 내 형제요 자매요 어머니이니라"막3:35는 말을 듣고 그 말로 가슴에 상처를 받았던 여인이었습니다. 예수님의 사역기간 동안 아들을 지켜보며 누구보다도 가슴앓이를 하였던 어머니 마리아였습니다. 그녀는 잉태고지에서 "그가 자기 백성을 그들의 죄에서 구원할 자이심이라"마1:21고 했던 아들이 지금 십자가에서 못 박혀 힘없이 죽어가는 모습을 지켜보고만 있어야 했습니다.

예수님의 어머니 마리아는 아들의 죽음을 지켜보며 어떤 마음이 들었을까요? 믿음으로 시작하여 낳은 아들이 십자가에서 죽어가는 모습을 바라보며 어떤 마음을 가졌을까요? 성경은 어머니 마리아의 마음을 기록하고 있지 않습니다. 그러나 자식의 죽음을 보며 한없는 아픔을 가져야 했을 것입니다. 밖에 나가 제자공동체를 만들어 함께 생활하는 아들 예수를 위해 따끈한 밥 한번 해 먹이지 못했던 것을 더 마음 아파했을 것입니다. 그러나 이러한 인간적 마음과 함께 하나님께 더 묻고 기도하는 어머니였을 것입니다. 아들 예수가 잉태될 때 "자기 백성을 구원할 자"라고 주의 천사를 통해 말씀하셨던 하나님! 도대체 어떻게 된 것입니까? 그렇게 물이 포도주가 되는 능력을 베풀고, 병자들을 고치고, 천국의 진리를 가르칠 때는 아들 예수가 무엇인가 할 것 같았는데 이게 웬일인가요? 라고 물으며 밤잠을 못 이루며 하나님 앞에 나아갔을 것입니다. 결국은 예수의 어머니 마리아는 잉태고지 때처럼 "대저 하나님의 모든 말씀은 능하지 못하심이 없느니라"눅1:37는 천사의 말을 회상하며 "주의 말씀대로 이루어지이다"눅1:38라는 믿음으로 예수님의 십자가 옆에 서 계시는 믿음의 위대한 어머니 마리아입니다.

십자가 위에서 어머니를 바라보는 예수님의 마음은 어떠했을까요? 예수님의 마음이 십자가 위에서 하신 한 말씀에 담겨 있습니다. "여자여 보소서. 아들이니이다." 이 말은 인간적으로 생각해보면 '하나님나라의 사역을 시작하면서 가끔 집에 들러 어머니를 잘 돌보지도 못했던 아들입니다' 라는 고백일 수 있습니다. 아들로서 효도 한번 제대로 하지 못했으니 용서해 달라는 고백일 수 있습니다. 부끄럽게 이렇게 가장 심한 죄인들이 지는 십자가에 죽어가는 아들이라는 고백일 수 있을 것입니다. 그러나 이것은 영적으로 생각해 보면 지금까지 믿음으로 아들의 사역을 지켜봐 주었던 어머니에 대한 감사의 표현일 수 있습니다. '보십시오. 어머니. 이제 이 아들이 모든 백성의 죄를 지고 십자가에서 자랑스럽게 죽어가고 있습니다. 실망하지 마십시오. 어머니의 믿음의 고백처럼 이 아들이 십자가에서 죽음으로 하나님의 뜻이 이루어지고 있습니다. 그러니 어머니 슬퍼하지 마십시오. 오히려 자랑스러워하십시오. 그리고 너무 아파하지 마십시오. 아들은 삼 일 만에 부활할 것입니다. 용기를 내십시오' 라는 고백일 수 있습니다.

자기 백성을 저희 죄에서 구원해 내려고 십자가에 달려 죽으시는 주님께서 십자가 위에서 땅 위에 있는 어머니에게 말씀하십니다. "보소서. 아들이니이다." 이 말은 지금까지의 가슴앓이 했던 어머니의 마음을 다 녹아내리게 하는 말씀입니다. 큰 권능과 기적을 행하며 하나님 나라의 사역을 했던 예수님이 다른 사람이 아닌 바로 당신의 아들이라는 것입니다. 세상 사람들의 죄를 짊어지고 십자가에서 죽어가는 예수님이 바로 당신의 아들이라는 것입니다. 절망과 좌절이 아니라 희망과 용기와 감사와 기쁨을 위해 십자가에서 못 박혀 죽어가는 이가 바로 다름 아닌 당신의 아들 예수라는 것입니다.

십자가 위에서 주님은 어머니 마리아를 제자들에게 부탁합니다. 예수님의 형제나 일가친척이 있음에도 주님께서는 제자들에게 어머니를 부탁합니다. 이것은 예수님께서 영적인 하나님나라의 사역을 위해 시작한 제자공동체가 이제 주님의 가족이며 어머니를 맡기게 되는 공동체라는 것입니다. 주님의 영적 공동체가 새롭게 시작되는 순간입니다. 주님께서 십자가에서 죽으시면서 다 흩어졌던 제자공동체를 다시 믿고 맡기는 순간입니다. 그리고 주님께서 제자들을 격려하는 말씀이기도 합니다. 배신하고 흩어졌던 제자들을 다시 믿고 맡기는 철저한 신뢰를 보여주시는 주님이십니다. 또한, 이 말씀은 십자가의 고통 가운데서도 어머니를 제자들에게 맡기는 주님의 효를 생각하게 됩니다. 주님의 삶은 부모님께 순종하는 삶이었습니다.눅2:51 그런 주님이 죽음 앞에서 어머니를 제자들에게 맡기는 모습은 주님을 따르는 우리에게 새로운 가르침을 주고 있습니다. 찢어지는 가슴을 안고 어머니를 제자들에게 부탁하시는 주님. 그리고 그 상황에서도 주님의 제자들을 격려하고 새롭게 사역을 맡기시는 주님의 깊은 사랑과 배려가 배어나는 말씀입니다. 주님께서 십자가 위에서 하신 세 번째 말씀은 바로 효와 사랑과 배려의 말씀이며 새로운 희망과 새로운 공동체의 시작을 알리는 말씀이었습니다.

십자가에서도 어머니를 제자들에게 부탁하는 예수님의 부모사랑. 그리고 당신이 새롭게 이 땅에 보여주신 하나님 나라의 공동체인 제자공동체에 어머니를 맡기며 제자들을 격려하고 용기를 주시는 주님의 모습. 오늘 주님을 따르는 우리에게 큰 도전이며 힘이 됩니다.

적용을 위한 기도

주님. 십자가 위의 고통 속에서도 어머니와 제자들을 사랑하시고 돌보시는 은혜에 깊이 감사를 드립니다. 주님께서 우리를 사랑하시고 배려하시는 은혜를 경험하며 이웃을 격려하고 사랑하는 삶의 하루가 되게 하소서. 예수님의 이름으로 기도합니다. 아멘

나의 하나님! 어찌하여….

세 시쯤에 예수께서 큰소리로 부르짖어 말씀하시기를 "엘리 엘리 라마 사박다니?" 하셨다. 그것은 "나의 하나님, 나의 하나님, 어찌하여 나를 버리셨습니까?" 하는 뜻이다. 마태복음 27:46

묵상을 위한 기도

신실하신 성삼위 하나님 아버지. 당신께 감사와 찬양으로 하루를 시작합니다. 늘 돌보시고 지키시는 하나님의 사랑이 오늘도 저희의 삶 가운데 함께 하심을 믿고 경배합니다. 말씀의 진리를 깨닫고 능력을 경험하는 하루가 되도록 당신의 성령을 부어 주십시오. 예수님의 이름으로 기도합니다. 아멘

본문묵상 본문을 여러 번 읽어 예수님의 마음을 느끼는 시간이 되도록 합시다.

마태복음 27:46

46. 세 시쯤에 예수께서 큰소리로 부르짖어 말씀하시기를 "엘리 엘리 레마 사박다니?" 하셨다. 그것은 "나의 하나님, 나의 하나님, 어찌하여 나를 버리셨습니까?" 하는 뜻이다.

예루살렘이 내려다보이는 골고다 언덕이 갑자기 암흑으로 변해버렸습니다. 평상시에도 많은 무덤이 있어서 그렇게 환영받는 곳은 아니었습니다. 가끔 무덤을 찾아 꽃을 놓고 가거나 무덤을 돌보는 사람들이 눈에 보이기는 하지만 사람들에게 그렇게 인기 있는 곳은 아니었습니다. 그런데 이곳이 오늘은 어느 때보다 더 슬프고 외로운 곳으로 여겨집니다. 오늘은 지금까지의 골고다 언덕을 방문했던 어떤 사람들보다도 더 많은 사람이 다녀갔습니다. 나사렛 예수라는 사람이 십자가에 못 박혀 죽임을 당하는 모습을 보기 위해서였습니다. 로마 군병들이 십자가에 못 박혀 있는 예수님 아래에 창을 들고 지키고 있습니다. 모여든 사람들이 하나둘씩 사라져 버립니다. 저마다 혀를 차면서 말합니다. "자기가 성전을 헐고 사흘 만에 짓는다고 하더니만 저게 무슨 꼴이람. 하나님의 아들이면 자

기를 한번 구원하고 십자가에서 내려오지…"마27:40 한마디씩 들릴락말락 이야기하면서 그곳을 떠나갑니다. 그들 중에는 참으로 안타깝게 여기며 그곳에 있는 로마 병정들에게 들키면 무슨 변이라도 당할까 봐 두려워하면서 속으로 눈물을 흘리며 돌아가는 사람들도 있었습니다.

예수님께서 십자가에 못 박히신지 세 시간이 지났습니다. 골고다 언덕은 아까보다도 더 암흑으로 가득 찼습니다. 검은 먹구름이 몰려옵니다. 그리고 스산한 바람까지 불기 시작합니다. 금방이라도 무엇인가 하늘에서 쏟아질 것 같이 캄캄해지고 있습니다. 십자가에 달리신 예수님께서는 힘이 더 없어지시는 양 온몸이 축쳐져 계십니다. 숨을 쉬시지만 알아보기 어려울 정도입니다. 참으로 안타까운 예수님이십니다. 아무도 곁에 있지 않습니다. 함께 먹고, 자며 삶을 나누었던 예수님의 공동체 식구들인 제자들은 다 제 갈 길로 갔습니다. 예수님께서 병자를 고치고, 보리 떡 다섯 개와 물고기 두 마리로 오천 명을 먹이고 남았을 때 따르던 그 많은 무리는 보이지도 않습니다. 십자가에 달리신 주님 곁에는 죄인 두 사람이 십자가에 목 박혀 있을 뿐입니다. 모두가 떠나 버린 이 골고다 언덕에 흐르는 것은 고요함과 적막함뿐입니다. 철저히 혼자가 되신 예수님이십니다.

온 땅에 어둠이 임한 지 다시 세 시간이 지났습니다. 스산한 바람에 휘날리는 나뭇가지들과 풀잎들은 예수님의 고통에 마음이 아픈 양 힘이 없습니다. 슬픔과 고독만이 골고다 언덕을 가득 메우고 있습니다. 이 순간을 깨고 예수님께서 크게 소리 지르십니다. "엘리 엘리 라마 사박다니" 적막을 깨고 들리는 이 소리는 참혹하리 만치 울부짖는 소리였습니다. 거기에 서 있던 사람들은 엘리야를 부르는 줄 알았습니다. 어떤 사람들은 그 소리가 참으로 비통하고 슬픔에 찬 음성이며 고통스러운 신음과도 같았기에 달려가서 해면에다 신포도주를 적시어 갈대로 마시게 하려 하였습니다. 목을 축이고 고통을 덜어주게 하려고 말입니다. 그러나 사람들이 말립니다. "그만두시오. 엘리야가 와서 그를 구원하나 보게 말입니다."

"엘리 엘리 라마 사박다니 나의 하나님, 나의 하나님, 어찌하여 나를 버리셨나이까?" 참으로 비통한 고백입니다. 예수님은 사랑받는 하나님의 아들이었습니다. 그리고 그 예수님 때문에 하나님이 기뻐하셨습니다.마3:17, 17:5 그런데 그렇게 사랑하는 아들을 십자가에 내어 놓으시고 계시는 하나님이십니다. 하나님께서는 천군 천사들을 동원하여 예수님을 십자가에 못 박히게 하지 않으실 수도 있었습니다.마26:53 그러나 예수님께서 지시는 십자가의 죽음을 허락하고 계신 하나님이십니다. 왜 십자가에 못 박혀 있는 아들 예수를 하나님께서 버리고 계십니까? 그것은 아들을 통해 "자기 백성을 그들의 죄에서 구원"마1:21 하시는 것이 하나님의 뜻이 셨기 때문입니다. 십자가에 못 박혀 있는 아들을 외면하시는 하나님이십니다. 가장 사랑스럽고, 기뻐하는 아들이었습니다. 하나님은 당장에라도 십자가에서 아들 예수를 끌어내리고 싶으셨을 것입니다. 그러나 참고 아들과 함께 그 아픔을 견디시는 하나님이십니다. 그뿐만 아니라 하나님은 십자가에 못 박혀 있는 아들 예수님께 다가가실 수 없습니다. 왜냐하면, 예수님은 "세상 죄를 지고 가는 하나님의 어린양"요1:29 이시기 때문입니다.. 세상 모든 사람의 죄가 덮여 있는 예수님께 나아 갈 수 없습니다. "우리가 아직 죄인 되었을 때에 그리스도께서 우리를 위하여 죽으심으로 하나님께서 우리에 대한 자기의 사랑을 확증하셨습니다." 롬5:8 아들을 십자가에 내어놓으신 하나님의 결단은 바로 우리를 사랑하시기 때문이었습니다.

"나의 하나님 어찌하여 나를 버리셨나이까?" 이 울부짖음은 예수님의 십자가의 죽으심이 무엇을 의미하는지 우리에게 잘 알려주고 있습니다. 그것은 하나님 아들인 예수님께서 인간으로 직접 죽으셨다는 것입니다. 고통을 아시고, 버림받으심을 아시며, 고독함을 경험하신 주님께서 우리의 고통을 아시고, 버림받음을 아시고, 고독을 아신다는 것입니다. 우리를 더는 홀로 두지 않으시겠다는 주님의 결단의 울부짖음입니다. 십자가에서 모두로부터 버림을 받으신 주님은 이제 더는 우리를 떠나지 않으십니다. "…내가 세상 끝날까지 너희와 항상 함께 있으리라"마28:20

적용을 위한 기도

주님! 십자가에서 철저히 홀로 되심을 경험하신 주님께서 오늘 저와 함께 계심에 깊이 감사를 드립니다. 저 혼자 사는 것이 아님을 오늘도 기억하며 감사하며 기쁨으로 살게 하소서. 예수님의 이름으로 기도합니다. 아멘

내가 목이 마르다

그 뒤에 예수께서는 모든 일이 이루어졌음을 아시고, 성경 말씀을 이루시려고 "목마르다" 하고 말씀하셨다. 요한복음 19:28

묵상을 위한 기도

긍휼과 자비가 풍성하신 성삼위 하나님 아버지. 오늘도 감사와 찬양을 주께 드리며 하루를 시작합니다. 성령을 부어 주셔서 당신의 진리의 말씀을 알아 순종함으로 행하고, 삶 가운데 말씀의 능력을 경험하며 이웃에게 실천하게 하소서. 예수님의 이름으로 기도합니다. 아멘

본문묵상 본문을 여러 번 읽어 예수님의 마음을 느끼는 시간이 되도록 합시다.

요한복음 19:28

28. 그 뒤에 예수께서는 모든 일이 이루어졌음을 아시고, 성경 말씀을 이루시려고 "목마르다" 하고 말씀하셨다.

마라톤에서 42.195 Km를 달리는 동안 가장 힘이 드는 것은 얼마 달리다 보면 목이 타고 갈증이 난다는 것입니다. 몸의 곳곳에서 기운이 다하여지고, 힘이 부칠 때 목이 타고 갈증이 나기 때문에 더욱 힘이 든다는 것입니다. 그래서 마라톤 코스 곳곳마다 물을 준비하여 목을 축이게 하거나 온몸에 물을 부을 수 있도록 합니다. 물이 없다면 갈증으로 위험을 가져올 수 있기 때문입니다. 물은 참으로 사람에게 있어서 아주 중요한 요소입니다. 물은 우리 몸이 활동하고 움직이는데 생명력을 부여해 줍니다. 생물학적으로 우리 몸의 80% 이상이 물이라고 할 만큼 물은 우리 몸을 구성하고 있습니다. 그런데 이 물이 부족하면 우리 몸은 목이 타고 갈증을 일으키며 심해지면 목숨을 잃게 됩니다. 목이 타고 갈증이 나는 이유는 그만큼 우리 몸의 기운이나 힘을 많이 사용했기 때문입니다. 운동이나 고된 중 노동을 한 사람들에게 있어서 한 모금의 물은 생수이며 새로운 힘입니다.

모진 고문과 채찍을 당하신 주님께서 무거운 십자가를 지고, 골고다까지 오셨습니다. 그리고 그곳에서 십자가에 못 박히셨습니다. 얼마 후 내리쬐는 햇살로 말미암아 목이 타들어가는 고통을 느끼셨습니다. 그러나 주님은 그것이 그렇게 문제가 되지 않았습니다. 오히려 십자가 위에 계신 주님은 하나님께서 성경에 이르신 일을 이루는 것에 관심이 많았습니다. 십자가 위에서의 고통과 아픔 속에서도 하나님의 말씀을 성취하시는데 관심이 있으셨던 주님이심을 보게 됩니다. 왜냐하면, 오늘 말씀은 이렇게 기록하고 있기 때문입니다. "예수께서 모든 일이 이미 이루어진 줄 아시고 성경을 응하게 하려 하사…"요19:28 성경에 내용을 이루는 것에 관심이 많으신 주님은 십자가 위에서 시편 말씀을 기억하십니다. "그들이 쓸개를 나의 음식물로 주며 목마를 때에 초를 마시게 하였사오니."시69:21 주님의 목이 타고 마릅니다. 그래서 주님은 십자가에서 외치십니다. "내가 목이 마르다"요19:28

주님의 이 외침은 거기 모였던 사람들의 마음을 깨웁니다. 얼마나 지치셨을까? 순간 자신들이 예수님을 십자가에 못 박았다는 것을 잃어버린 듯이 자비를 베풉니다. 그곳에는 신 포도주가 가득 담긴 그릇이 있었는데 달려가서 신포도주를 우슬초에 적셔서 예수님께 댑니다. 예수님은 그것을 받으십니다. 그 당시 십자가에 못을 박을 때 그 고통이 너무도 심하기에 고통을 줄이려고 쓸개 탄 포도주나,마27:34 몰약을 탄 포도주막15:23를 준비했습니다. 예수님은 이것을 거절하였습니다.마27:34; 막15:23 그러나 예수님께서 십자가에 오랜 시간 달리신 후에 "목이 마르다"요19:28고 할 때 주었던 것은 그것과는 다른 로마 군병들이 마시는 값싼 신 포도주였을 것이라는 것입니다. 심하게 갈증이 날 때 물 대신 다른 것은 더 심한 갈증을 일으키는데 예수님은 물 대신 신 포도주를 받으셨습니다. 물 한 모금도 축이시지 못하신 주님을 생각하게 됩니다. 얼마나 고통이 심하셨을까요.

주님께서 하신 "목이 마르시다"요19:28는 말씀은 우리에게 무슨 의미입니다. 목이 타고 갈증이 나는 현상은 앞에서 언급했던 것처럼 마라톤 선수가 자신이 최선의 힘을 다하여 달리고 있을 때, 혹은 어떤 일을 온 힘과 정성을 다해서 행할 때 나타나는 현상이라고 했습니다. 그렇다면, 십자가에서 주님은 우리를 위해 자신의 온몸과 힘을 다하고 있다는 것을 의미합니다. 십자가에서 우리의 죄와 허물을 지고 고통을 참으며 온 힘과 정성을 다 쏟아 놓고 계시는 주님의 모습을 말하고 있습니다. 심한 고통 속에서 흘리시는 피와 떨어지는 땀방울은 주님의 헌신을 보여줍니다. 주님의 아낌없이 바치시는 희생의 모습이십니다. 누구를 위한 희생과 죽음이시며 목마르심입니까? 바로 우리를 위한 것이었습니다.

한 가지 더 생각해 볼 것은 십자가의 주님입니다. 바로 그분은 한낮에 물을 길으러 왔던 여인에게 "이 물을 마시는 자마다 다시 목마르려니와 내가 주는 물을 마시는 자는 영원히 목마르지 아니하리니 내가 주는 물은 그 속에서 영생하도록 솟아나는 샘물이 되리라."요4:13b~14라고 말씀하셨던 분이십니다. 또한, 예수님은 "나를 믿는 자는 영원히 목마르지 아니하리라."요6:35 "누구든지 목마르거든 내게로 와서 마셔라 나를 믿는 자는 성경에 이름과 같이 그 배에서 생수의 강이 흘러나오리라."요7:37b~38라고 말씀하십니다. 영원한 생수의 근원이신 예수님께서 십자가에서 그 생수를 우리를 위해 다 흘리고 계시는 것입니다. 주님을 믿는 자마다 영원히 목마르지 않을 것이라는 것입니다. 왜냐하면, 그분이 목마름을 경험하셨기에 우리의 갈증을 알고 채우실 것이기 때문입니다. 우리의 육체적 갈증을 채우실 것입니다. 사막의 바위에서 물을 나게 하신 하나님의 능력처럼민 20:10~11우리의 갈한 목을 축이게 하실 주님이십니다. 또한, 우리의 영적인 갈급함을 채우실 분이 바로 예수님이십니다. 그분께 나아가면 영원히 목마르지 않고 생수를 얻게 될 것입니다.

"내가 목이 마르다"요19:28는 십자가에서의 주님의 음성은 바로 "내가 너를 위해 모든 것을 다 흘렸다"라는 말씀과 같습니다. "내가 모진 고문과 심한 채찍 가운데서도 참고 견디며 고통의 십자가를 졌으며, 아픔을 이겨내며 십자가에서 못 박혔다. 이것은 너희에게 생명의 생수를 흘리기 위해서다" 주님의 또 다른 외침이십니다. 삶에 목이 마르고, 지치고, 힘이 들어 갈한 우리 영혼이 찾아가야 할 분이 여기 있다는 것입니다. 십자가에서 목이 마름을 경험하신 주님께서 우리의 영혼의 갈증을 씻어 주실 것입니다. 신 포도주가 아니라 영원한 생명의 생수로 말입니다.

적용을 위한 기도

주님. 저를 위해 목이 마르시도록 모든 것을 십자가 위에서 쏟아 놓으시고 저에게 생수를 허락해 주시니 감사합니다. 저의 삶이 갈하고, 지치고, 힘들다고 불평하기보다는 생수의 근원이신 주님 앞에 더 나아가는 삶이 되게 하소서. 예수님의 이름으로 기도합니다. 아멘

다 이루었다

예수께서 신 포도주를 드시고 "다 이루었다" 하고 말씀하신 뒤에, 머리를 떨어뜨리시고 숨을 거두셨다. 요한복음 19:30

묵상을 위한 기도

인내와 사랑이 한이 없으신 성삼위 아버지 하나님. 찬양과 감사와 영광을 올려 드리며 하루를 시작합니다. 성령을 부어 주셔서 당신의 진리의 말씀을 깨닫고, 순종함으로 삶 가운데 말씀의 능력을 경험하고 이웃에게 실천하는 하루가 되게 하소서. 예수님의 이름으로 기도합니다. 아멘

본문묵상 본문을 여러 번 읽어 예수님의 마음을 느끼는 시간이 되도록 합시다.

요한복음 19: 30

30. 예수께서 신 포도주를 드시고 "다 이루었다" 하고 말씀하신 뒤에, 머리를 떨어뜨리시고 숨을 거두셨다.

십자가에 달리신 주님께서는 사람들이 들어 올려 준 신 포도주를 받아 마신 후에 기운을 찾은 듯 십자가 위에서 지금까지 감으셨던 눈을 떠 보이십니다. 그런 다음 감기다시피 한, 힘없는 눈으로 주위를 둘러보십니다. 사방이 당신의 고통을 느끼는 듯 고요함과 함께 암흑이 깔렸음을 깨닫습니다. 그리고 십자가 아래를 내려다보십니다. 거기에는 예수님을 십자가에 못 박았던 로마 군병들이 술에 취해 떠들고 있은 자들과 다른 한 편에서는 아무것도 없었던 듯이 잠에 취해 있는 자들도 있습니다. '내가 너희 죄를 위해 죽는데도 너희는 아직도 마음의 찔림이나 아픔을 느끼지 못하고 있다' 라고 생각하니 그동안의 고통보다 더 심한 아픔이 가슴 깊은 곳에서 몰려옵니다. '어찌해야 하나 저들의 무지함과 어리석음을. 그리고 저들의 죄를…'

얼마간의 정적이 골고다 언덕 위에 흘렀습니다. 그 시간은 매우 짧았지만 아주 길게 느껴졌습니다. 순간 주님께는 그동안의 삶이 모두 그려집니다. 살아오면서 들었던 많은 이야기와, 행했던 여러 사역이 번개처럼 지나갑니다. 어머니에게서 들었던 잉태고지에 대한 이야기 즉 주의 천사들의 방문으로 성령에 의해 잉태되었던 일로부터 시작하여 병자들을 고친 일과 제자들을 가르치며, 과부와 고아들 그리고 가난한 자들과 함께 했던 일들이 떠오릅니다. 성경에 말씀대로 살면서 그 말씀의 능력을 경험했던 일들도 떠오릅니다. 물을 포도주가 되게 했던 일, 물 위를 걸었던 일, 보리 떡 다섯 개와 물고기 두 마리로 오천 명을 먹이고 열두 광주리가 남았던 일, 죽은 나사로를 살리던 일 등등…. 이루 다 말할 수 없는 일들이 머리에 스쳐지나 갑니다. 이런 회상 후에 잠시 정적이 다시 흐르더니 이 고요함을 깨고 주님이 말씀하십니다. "다 이루었다."요19:30 말씀에 순종함으로 하나님 아버지의 뜻을 이루는 십자가의 죽음을 통해 모든 일이 다 이루어짐을 생각하며 십자가 위에 주님은 외치셨습니다. "다 이루었다."

"다 이루었다." 이것은 목적을 이루었을 때 하는 말입니다. 집을 짓던지, 다리를 놓던지 혹은 차를 만들던지 그 놓인 도면대로 다 완성했을 때 쓰는 말입니다. 바로 이처럼 예수님의 생애도 하나님께서 계획하신 대로 이 땅에 나시고, 자라셨으며, 천국 복음을 전파하시며, 가르치셨다는 말씀입니다. 그리고 하나님 아버지께서 계획하시고, 하나님의 백성을 위해 그 아들 예수 그리스도를 통하여 하시고자 하시는 일을 예수님께서 다 하셨다는 말씀입니다. 하나님 말씀에 순종하시며 사신 주님이심을 나타내시는 말씀입니다. 사명을 알고 사신 주님이십니다. 그리고 철저히 헌신하신 예수님, 하나님 말씀에 순종하시며, 죽음의 길인 십자가에서 지금 죽음을 맞이하고 계시는 주님의 말씀입니다. '이제 죽어도 된다. 다 아버지의 뜻을 이루었다.' "다 이루었다."

"다 이루었다."요19:30 이 말씀은 무엇보다도 하나님께서 예수 그리스도를 통해 이루고자 하셨던 일을 다 했다는 것입니다. 그것은 마태복음 1장 21절의 말씀처럼 "아들을 낳으리니 그 이름을 예수라 하라. 이는 그가 자기 백성을 그들의 죄에서 구원할 자 이심이니라"라는 것을 완성하셨다는 것입니다. 예수 그리스도를 통한 구속 사역이 완성되었다는 것입니다. 주님의 십자가의 죽으심은 우리에게 구원을 가져 오신 완성이십니다. 예수님께서는 철저히 하나님 말씀에 순종함으로 당신의 사역을 완성하셨습니다. 첫 번째 아담이 믿음 없이 불순종한 것과는 달리 우리 주 예수님께서는 믿음으로 순종함으로 하나님 아버지의 뜻을 이 땅에 이루신 것입니다. 예수님의 순종의 삶은 하나님 아버지의 뜻을 이루는 것이었습니다.

"다 이루었다"는 것은 예수님께서 하나님 아버지께서 맡겨주신 사명을 잘 감당하시고 나서 죽음을 맞이하시기 바로 전에 하신 말씀입니다. 십자가 위에서 주님의 마지막 말씀은 "다 이루었다"라는 것이었습니다. 이것은 주님께서 행하실 일이 무엇인지 알고 삶을 살아가셨다는 증거입니다. 삶의 목적과 방향이 하나님의 뜻이었습니다. 예수님은 제자들에게 이렇게 말씀하셨습니다. "나의 양식은 나를 보내신 이의 뜻을 행하며 그의 일을 온전히 이루는 이것이니라."요4:34 주님께서 매일 먹는 양식은 하나님의 뜻을 행하고, 그의 일을 온전히 이루는 것이었습니다. 그러기에 그분은 십자가 위에서 이렇게 말씀하실 수 있으셨습니다. "다 이루었다."

오늘날 나의 이익과 나의 안위를 위해 사는 우리에게 주님의 마지막 외침과 같은 이 말씀은 도전입니다. "다 이루었다." 주님은 십자가의 고난을 참고, 견디시고 그 의미를 이렇게 외칩니다. "와, 다 이루었다." 어떤 건물이나 자동차 혹은 다리를 완성하고 기쁨에 차서 하는 말이 아니라 고통과 아픔을 참고 견디며 십자가의 죽음을 앞두고 주님이 하신 말씀입니다. 무엇인가를 완성하고 드러내는 세상의 원리가 교회공동체 속에도 들어와 무엇인가를 완성하고 명성을 얻으려고 하는 우리 그리스도인들에게 주는 강한 메시지입니다. 하나님의 뜻이기에 가장 비참한 십자가를 지고 모욕을 당하고, 학대를 받고, 십자가에 못 박혀 죽는 것이 하나님 아버지의 뜻이기에 그 길을 가시면서 주님이 하시는 "다 이루었다"는 이 말씀은 우리의 삶이 어떠해야 함을 잘 보여주고 있습니다. 고난과 고통은 하나님의 뜻을 이루는 것입니다. 원수를 사랑하고, 이웃과 평화하며 사는 것, 그것은 고통과 고난을 요구하는 것입니다. 십자가가 없이 우리는 주님의 뜻을 다 이루었다고 말할 수 없습니다.

"다 이루었다." 주님의 이 말씀은 고난과 어려움인 십자가를 지고, 그 십자가 위에서 주님이 직접 하신, 주님의 최후 고백입니다. 하나님 아버지의 뜻을 다 이루신 구속사역의 완성이요, 최고의 사랑의 실천입니다. 그리고 이것은 생명의 길을 완성하는 그 과정의 맨 마지막에 외쳐진 고백입니다. 어려움을 참고 견디며, 하나님 아버지의 뜻을 이룬 자의 최후의 고백입니다. "하나님 아버지 다 이루었습니다."

적용을 위한 기도

주님. 저도 하나님 아버지께서 맡겨주신 사명, 원수를 사랑하며, 평화를 만드는 하나님 아버지의 자녀로서 삶을 잘 살아 '다 이루었다' 고 고백할 수 있는 삶이 되게 해 주세요. 예수님의 이름으로 기도합니다. 아멘

내 영혼을 아버지 손에

예수께서는 큰소리로 부르짖으시고 "아버지, 내 영혼을 아버지의 손에 맡깁니다." 하고 말씀하셨다. 이 말씀을 하시고 나서, 예수께서는 숨을 거두셨다. 누가복음 23:46

묵상을 위한 기도

은혜와 평화가 무한하신 성삼위 하나님 아버지. 감사와 찬양과 영광을 돌리며 하루를 시작합니다. 성령을 부어 주셔서 진리의 말씀을 깊이 깨달아 하나님의 뜻을 알고 그 말씀에 순종하게 하소서. 또한, 삶 가운데 말씀의 능력을 경험하며 이웃에게 실천하며 그들을 섬기는 하루가 되게 하소서. 예수님의 이름으로 기도합니다. 아멘

본문묵상 본문을 여러 번 읽어 예수님의 마음을 느끼는 시간이 되도록 합시다.

누가복음 23:44~49

44. 낮 열두 시쯤 되었는데, 어둠이 온 땅을 덮어서, 오후 세 시까지 계속되었다. 45. 해는 빛을 잃고, 성전의 휘장은 한가운데가 찢어졌다. 46. 예수께서는 큰소리로 부르짖으시고 "아버지, 내 영혼을 아버지의 손에 맡깁니다" 하고 말씀하셨다. 이 말씀을 하시고 나서, 예수께서는 숨을 거두셨다. 47. 백부장이 그 일어난 일을 보고, 하나님께 영광을 돌리며 말하기를 "참으로, 이 사람은 의로운 사람이었다" 하였다. 48. 이것을 구경하러 모인 무리도 그 일어난 일을 보고, 모두 가슴을 치면서 돌아갔다. 49. 예수를 아는 사람들과 갈릴리에서부터 예수를 따라다닌 여자들은, 다 멀찍이 서서 이 일을 지켜보았다.

십자가에 달리신 주님이 고통 가운데 눈을 감고 머리를 떨어뜨리고 계신 지 벌써 오랜 시간이 되었습니다. 그 모습이 너무도 처참할 뿐만 아니라 끔찍하기까지 합니다. '아니 어떻게 아무 죄도 없는 사람을 저렇게까지 만들 수 있단 말인가?' 마음 한구석에 양심이 조금이라도 있는 사람이라면 십자가에 달려

계신 주님의 모습을 보고 이렇게 생각하지 않을 수 없었을 것입니다. 예수님께서 당하고 계시는 십자가의 모습이 너무도 안타까워 온 하늘까지 힘을 잃고 어둠을 몰고와 온 땅을 덮었습니다. 그리고 세상을 환하게 비추던 해는 그 빛을 잃었습니다. 마치 빛으로 이 땅에 오신 주님께서 십자가에 달려 계신 것과 같이 낮을 환하게 비추던 햇빛도 빛을 잃고 어둠 속에서 눈물을 흘리는 것 같았습니다. 무정한 인간이 하나님의 아들을 십자가에 못 박을 때 자연은 오히려 그 힘을 잃고 주님의 죽으심 앞에 경건의 마음을 올리는 것과 같았습니다.

그런데 갑자기 성소에 있던 휘장이 꿈틀대기 시작합니다. 무엇인가 일어날 것만 같았습니다. 그러더니 휘장 가운데가 위로부터 아래로 찢어지기 시작합니다. 사람들이 놀라서 도망가고 아수라장이 되었습니다. 이 광경을 지켜보던 성전의 관리자가 대제사장과 장로들과 서기관들에게 달려갑니다. 그리고 소리칩니다. "큰일 났습니다. 성소의 휘장이 찢어졌습니다." 성소의 휘장은 거룩한 담이었습니다. 해마다 일 년에 한 번씩 대제사장이 그 성소의 휘장을 지나가 하나님께 이스라엘 백성의 죄를 위해 제사를 지내던 곳입니다.히9:7 아무도 마음대로 들어갈 수 없는 곳입니다. 이 휘장은 바로 인간의 죄 때문에 하나님 앞에 나가갈 때 하나님이 거하시는 거룩한 곳인 지성소를 가리고 있던 것입니다. 그런데 그 휘장이 찢어졌다는 것입니다. 이것은 큰 의미가 있습니다. 그동안 죄 때문에 하나님 앞에 나아 갈 수 없었던 인간이 대속 제물이신 예수님의 십자가에서의 찢기신 몸으로 말미암아 하나님께 나아가는 새롭고 산길이 열렸음을 상징하는 것입니다.히10:19,20

이러한 성소의 휘장이 찢어지는 일이 일어난 직후에 십자가에 못 박혀 계신 주님께서 마지막으로 외치십니다. "아버지여 내 영혼을 아버지 손에 부탁하나이다."눅23:46 이 말씀은 예수님께서 마지막까지 하나님의 뜻을 순종하며, 당신의 영혼까지 주께 맡기는 철저한 헌신과 순종을 의미합니다. 죽음의 최후까지 하나님의 아들로 아버지의 뜻을 따라 십자가에서 죽음을 맞이하시는 주님이십니다. 그리고 주님의 사역의 끝이 되는 십자가에서의 죽음을 통해 예수님의 사역의 최

종적인 영광을 받으실 분은 바로 하나님 아버지이시다는 것을 잘 보여주고 있습니다. 이 땅에 나게 하신 분도 하나님 아버지이셨습니다.마1:18~25 그리고 그 아들을 격려하셨던 분도 하나님이셨습니다.마3:17, 17:5 그리고 십자가에 못 박혀 죽게 하신 것도 아버지 하나님의 뜻이었습니다.마26:39, 42 하나님 아버지의 뜻을 나면서부터 죽음에 이르기까지 순종하며 행하셨던 예수님의 사역을 잘 보여주는 부르짖음입니다. "아버지여 당신의 뜻을 순종하며 따른 아들입니다. 이 고통스러운 십자가의 죽음까지 참고 따랐나이다. 이제 제 영혼을 아버지 손에 맡기나이다."

예수님께서 당하셨던 십자가의 고통은 참으로 힘든 것이었습니다. 그 고통이 얼마나 고독하며, 외롭고 힘든 길인지 아셨던 주님은, 그 길을 피하고 싶어 아버지께 세 번씩이나 기도하셨습니다.마26:39, 42, 44 그러나 아버지의 뜻을 따라 순종하며 십자가의 길을 가셨습니다. 예수님은 그 십자가의 길을 통해 우리에게 생명을 줬습니다. 죄로 죽었던 우리 몸이 예수님의 십자가의 죽으심으로 생명을 얻었습니다. 소망이 생겼습니다. 영원한 생명에 대한 소망입니다. 새 하늘과 새 땅에 대한 소망입니다. 부활에 대한 소망입니다. 그리고 새로운 길이 열렸습니다. 그 길은 진리의 길이요 빛이신 예수님이 가신 길을 따라 살아가는 기쁨과 평화의 길입니다.

십자가에서의 주님의 마지막 음성을 들어 보십시오. "아버지 내 영혼을 아버지 손에 부탁하나이다."눅23:46 아버지 그동안 힘들었습니다. 너무도 외롭고 무서운 길이었습니다. 거짓 증거도 당했습니다. 창피함도 받았습니다. 조롱도 당했습니다. 뺨도 맞았습니다. 채찍에 맞았습니다. 그리고 십자가에서 손에 못도 박혔습니다. 그러나 이 모든 시련과 어려움을 견디고 이제 제 영혼을 아버지 손에 의탁합니다. 지치고 힘드셨던 주님의 마지막 말씀입니다. "내 영혼의 안식처는 바로 하나님 아버지 당신의 손에 있습니다."

십자가의 주님은 죽음으로 생을 마무리하지 않으셨습니다. 죽음 후에도 주님의 사역은 계속됩니다. 주님의 죽음은 부활이라는 엄청난 사역을 위한 시작이었습니다. 우리 주님의 부활의 아침을 사모해 보십시오. 기대와 함께 감격의 순간을 말입니다.

적용을 위한 묵상

　주님. 십자가에서의 고통을 참고 견디시며 우리를 위해 죽으심으로 저희에게 생명을 허락해 주시니 참으로 감사합니다. 주님의 죽으심의 의미를 깊이 생각하는 하루가 되게 하시며 생명이 넘치는 하루가 되게 하소서. 부활을 소망하는 하루가 되게 하소서. 예수님의 이름으로 기도합니다. 아멘

살아 나셨느니라.

천사가 여자들에게 말하였다. "무서워하지 마십시오. 나는, 그대들이 십자가에 못 박히신 예수를 찾는 줄을 압니다. 그는 여기에 계시지 않습니다. 그가 말씀하신 대로, 그는 살아나셨습니다. 와서 그가 누워 계시던 곳을 보십시오. 마태복음 28:5~6

묵상을 위한 기도

살아계신 성삼위 아버지 하나님. 부활의 아침 찬양과 경배를 올려 드립니다. 부활의 주님으로 우리에게 영원한 생명을 허락하시고, 소망 가운데 살게 하시니 감사를 드립니다. 부활의 아침 주님의 말씀을 묵상함으로 우리 안에 생명이 소생하며, 회복되는 축복의 시간이 되도록 성령을 부어 주소서. 예수님의 이름으로 기도합니다. 아멘

본문묵상 본문을 여러 번 읽어 예수님의 마음을 느끼는 시간이 되도록 합시다.

마태복음 28:1~10

1. 안식일이 지나고, 이레의 첫날 동틀 무렵에, 막달라 마리아와 다른 마리아가 무덤을 보러 갔다. 2. 그런데 갑자기 큰 지진이 일어났다. 주의 천사가 하늘에서 내려와 무덤에 다가와서, 그 돌을 굴려 내고, 그 돌 위에 앉았다. 3. 그 천사의 모습은 번개와 같았고, 그의 옷은 눈과 같이 희었다. 4. 지키는 사람들은 천사를 보고 무서워서 떨었고, 죽은 사람처럼 되었다. 5. 천사가 여자들에게 말하였다. "무서워하지 마십시오. 나는, 그대들이 십자가에 못 박히신 예수를 찾는 줄을 압니다. 6. 그는 여기에 계시지 않습니다. 그가 말씀하신 대로, 그는 살아나셨습니다. 와서 그가 누워 계시던 곳을 보십시오. 7. 그러니 그대들은 빨리 가서 제자들에게 전하십시오. 그가 죽은 사람들 가운데서 살아나셔서 그들보다 앞서서 갈릴리로 가시니, 그들이 거기에서 그를 만날 것이라고 하십시오. 이것이 내가 그대들에게 알리는 말이오." 8. 여자들은 무서움과 큰 기쁨이 엇갈려서, 급히 무덤을 떠나, 이 소식을 그의 제자들에게 전하려고 달려갔다. 9. 그런데 갑자기 예수께서 여자들과 마주쳐서 "평안한가?" 하고 말씀하셨다. 여자들은 다가가서, 그의 발을 붙잡

고, 그에게 절을 하였다. 10. 그때에 예수께서 그 여자들에게 말씀하셨다. "무서워하지 말아라. 가서, 내 형제들에게 갈릴리로 가라고 전하여라. 그러면 거기에서 그들이 나를 만날 것이다."

모진 고문과 조롱을 당하시고 나서 주님은 십자가에서 못 박히시고 죽음을 당하셨습니다. 육체적 생명이 다한 것입니다. 더 이상은 말하거나 활동하는 것이 멈추어진 상태입니다. 호흡이 멈추고 몸의 모든 기능이 질서를 잃고 영혼은 의식이 없습니다. 모든 것이 의미가 없는 상태입니다. 육체의 죽음은 흙으로 돌아가기 위해 무덤 속에 묻히게 됩니다. 십자가에서 죽음을 통해 주님의 사역은 다 끝이 난다고 사람들은 생각했습니다. 죽은 자를 살리고, 병자를 고치고, 앉은뱅이를 걷게 하며, 눈먼 자를 보게 하고, 굶주린 자를 먹이시며, 물을 포도주로 만드시던 능력들은 예수님께서 십자가에 죽으심으로 다 과거의 일이 되고 말았습니다. 역사의 사건이요, 어떤 기적이 한때 있었던 이야깃거리로만 남게 되어 버렸습니다.

과거의 예수를 생각하면 그리움에 잠을 못 이룬 여인들이 예수님께서 십자가에 돌아가시고서 무덤에 계신지 삼일 째 되는 날 이른 아침 무덤을 급히 찾아갔습니다. 당시의 이스라엘 풍습에 따라 삼 일째 되는 날 무덤 속에 계신 죽은 예수님의 시체에 향유를 바르기 위해 달려갔습니다. 그들은 멀리서 예수님의 죽음을 지켜보았던 자들이며막15:47 돌아가 향품과 향유를 준비했던 자들입니다.눅23:56 이 땅에서의 행하는 마지막 일을 위해 예수님의 무덤을 찾는 이 여인들에게 있어서 한 가지 근심은 어떻게 예수님 무덤 앞에 놓여 있는 돌을 옮겨 놓고 동굴 안으로 들어갈 수 있을까이었습니다.막16:3 밤을 설쳐가면서 삼일을 보냈지만, 무덤 앞의 동굴이 또 하나의 문제였습니다. 죽은 예수님의 시체 앞에 향유를 바르기 위해 무덤을 찾으면서도 마음이 편치 않습니다. 사람이 죽어 누워 있는 무덤 앞에서도 문제는 있습니다. 그리스도가 없는 사람의 눈에는 많은 것이 힘들고 어려운 것을 의미한다고 표현하면 너무 지나치다고 할 수 있을까요?

　그런데 염려 가운데 예수님이 누우셨던 무덤 앞에 다다랐던 여인들에게는 믿기 어려운 일이 벌어져 있었습니다. 돌이 무덤입구에서 굴려져 있었습니다. (눅 24:2) 닫혀 있어야 할 무덤 앞의 돌문이 열려 있는 것입니다. 그들이 놀란 것은 이것이 전부가 아니었습니다. 더 믿기 어려운 것은 굴 안에 들어가 보니 놓여 있어야 하는 예수님의 시체가 보이지 않는 것이었습니다. 그 순간 이 여인들에게는 근심이 생기기 시작했습니다. 역사가 요세프스에 따르면 당시에는 사람들이 시체를 훔쳐가는 일이 생기기도 하였다고 합니다. 이런 때이기에 이 여인들은 혹시 누가 예수님의 시체를 훔쳐가지나 않았을까 염려하기 시작했습니다. 그러나 성경은 이런 일이 일어날까 봐 대제사장과 바리새인들이 빌라도에게 요청하여 사흘 동안 무덤을 굳게 지키게 하였습니다.마27:62~66 왜냐하면 이들은 예수님께서 죽음 후에 삼 일 만에 죽음에서 살아날 것이라는 말을 했기 때문에 아마도 제자들이 예수님의 시체를 훔쳐다가 감추어 놓고 부활했다고 하면 더 곤란한 일이 생길 것을 염려하였기 때문이었습니다. 그런데 일이 벌어진 것입니다. 병사는 무덤 문을 굳게 지키고 있었는데 무덤 문이 열리고 예수님께서 살아나신 것입니다.

　무덤을 찾아갔던 여인들에게는 이제 더는 필요 없는 것이 있었습니다. 첫째는 예수님의 시체에 바르기 위해 준비한 향유였습니다. 주검을 위한 향유는 생명을 위한 것이 되었습니다. 두 번째는 주검을 덮어놓는 무덤이 비어 있는 것이었습니다. 무덤은 더는 죽음을 가둘 수 있는 것이 되지 못했습니다. 사망은 생명을 잃고 영원한 생명을 우리에게 허락한 것이 되고 말았습니다. 예수님의 부활은 더는 무덤의 의미는 없다는 것이 되고 맙니다. 무덤은 단지 의식일 뿐입니다. 우리의 생명은 영원한 생명을 회복한 것이 되고 말았습니다. 예수님의 순종 하심과 그분의 돌아가심으로 말미암아 우리에게 부여된 것은 빈 무덤과 죽음을 이기고 산 생명입니다. 세 번째로 이 여인들과 제자들에게 주어진 빈 무덤은 예수님의 약속의 성취입니다. 말씀대로 사셨던 주님이 말씀하신 대로 삼 일 만에 부활하셨다는 것입니다. 이것은 우리에게 아주 중요합니다. 주님의 말씀은 신실함 그 자체이십니다. 변함이나 거짓이 없이 이루어지고 행해지는 말씀의 능력과 신실성입니다. 우리의 신앙은 예수님의 말씀의 터 위에 세워지는 것입니다. 주님의 말씀과 그 말씀을 따라 행하는 것이 그리스도인의 삶이기에 말씀하신 대로 삼 일 만에 부활하신 주님의 사건은 우리 신앙의 핵심이며 중심입니다. 네 번째로 중요한 사건은 주님의 부활은 임마누엘의 하나님께서 우리를 버리지 않고 우리와 함께 계신다는 사실입니다. 아기 예수로 이 땅에 오셔서 우리와 함께 사시고 자라시고 고통을 당하시고 십자가에 못 박혀 돌아가시므로 끝난 것 같으나 주님의 살아나심으로 말미암아 우리와 이제는 영원히 함께 계시는 분임을 보여주는 소망과 희망의 사건입니다. 생명의 사건이며 기쁨의 시작입니다. 절망이 사라지고 사망이 사라지고 하나님의 통치가 이루어지는 시작입니다.

주님의 부활은 제자들의 삶을 바꾸어 놓는 커다란 사건이었습니다. 두려움이 담대함으로 변하였습니다. 절망이 소망이 되었습니다. 어둠이 빛으로 변하였습니다. 잃어버렸다고 자기 곁을 떠났다고 생각했던 주님은 사망에서 부활하셔서 제자들 곁에 나타나셨습니다. 십자가 앞에 그리고 무기를 든 로마 병정들 앞에 아무 저항 없이 서 계셨던 주님은 평화의 왕이며 평화의 실천자이셨습니다. 참 평화는 순종하며 사랑하는 행위에서부터 시작되는 것임을 보여주셨습니다. 십자가의 길은 평화의 길이었습니다. 제자들에게 복수를 위해 무기를 들게 하시지 않으신 주님은 온 세상이 평화로 가는 샬롬의 완성이었습니다. 부활의 아침 우리는 무엇을 위한 부활인지요? 부활절 날 교회로 모여드는 사람들에게는 어떤 마음이 자리 잡을까요? 예수님의 부활을 경이롭게 맞이하며 삶이 전폭적으로 변한 제자들이 필요한 세대인 것을 통감합니다.

적용을 위한 기도

부활의 주님을 찬양합니다. 부활신앙을 회복시켜 주십시오. 예수님의 이름으로 기도합니다. 아멘